Dieses Buch widmen wir allen Müttern, Vätern und Kindern auf dieser Welt.

Dieses Buch ist für Frauen und Männer, die eine Schwangerschaft erleben möchten, die sie erfüllt und an die sie gerne zurückdenken, die für sie – egal auf welche Art und Weise – eine Lebenserfahrung sein darf.

Für Annabelle – nach wahrer Begebenheit mit tollen Ergänzungsworten von Martina de Vleeschauwer (Hebamme in Speyer).

Susan Sobotta & Martina de Vleeschauwer

The Book of A. J.

Gespräche zwischen einer jungen Mutter
und ihrer Hebamme

© 2020 Susan Sobotta, Martina de Vleeschauwer

Autoren: Susan Sobotta, Martina de Vleeschauwer
Umschlaggestaltung, Illustration: Amaya de Vleeschauwer

978-3-347-05641-1 (Paperback)
978-3-347-05642-8 (Hardcover)
978-3-347-05643-5 (e-Book)
Verlag & Druck: tredition GmbH, Halenreie 40-44, 22359 Hamburg

Das Werk, einschließlich seiner Teile, ist urheberrechtlich geschützt. Jede Verwertung ist ohne Zustimmung des Verlages und des Autors unzulässig. Dies gilt insbesondere für die elektronische oder sonstige Vervielfältigung, Übersetzung, Verbreitung und öffentliche Zugänglichmachung.

Bibliografische Information der Deutschen Nationalbibliothek:
Die Deutsche Nationalbibliothek verzeichnet diese Publikation in der Deutschen Nationalbibliografie; detaillierte bibliografische Daten sind im Internet über http://dnb.d-nb.de abrufbar.

Inhaltsverzeichnis

Danksagung 9
Wie alles begann 11
Zweifel & Ängste 19
Deine innere Stimme, Herz & Kopf 25
Vorfreude – mehr oder weniger? 31
Dankbarkeit, Vertrauen und Loslassen 41
Intuition und Leichtigkeit 51
Selbstliebe 55
Vertraue der Natur und deinem Körper 61
Wie? Sport, Sex und andere Annehmlichkeiten während der Schwangerschaft? 67
Oh Baby, Oh Baby – Es geht los, die ersten Wehen 71
Geburtsschmerzen 81
Yoga, Meditation und andere kleine Helferlein 87
Verbindung zu dir, nach oben und zu deinem Kind 91
Kind oder Karriere und Freiheit 105
Kind und dann? Karriere beendet? 113
Sei verrückt, aber lass dich nicht verrückt machen 117
Du willst aber auch noch eigene Kinder, oder? 121
Schlusswort: Wir kommen nackt und gehen nackt 129
Die Autorinnen 133

Vorwort

Susan

Hier teile ich mit dir meine Erfahrung der Schwangerschaft und Geburt einfach aus dem Grund, dass ich das Gefühl habe, dies tun zu müssen, es fließen zu lassen. Danke.

Martina

Als Susan mich das erste Mal kontaktierte, mit der Anfrage, ob ich bei ihrem Buch über Schwangerschaft und sanfte Geburt mitwirken wollte, war ich ehrlich gesagt erst ein wenig skeptisch... noch ein weiteres Buch über Schwangerschaft und sanfte Geburt? Vor allem war ich aber auch unsicher - wie schreibt man ein Buch? Schließlich habe ich mich mit Susan getroffen, um zu hören, was sie erzählen möchte und habe ihr zugesagt. Also ließ ich meine Gedanken fließen, sortierte sie zu Worten und beschrieb Gefühle und Erfahrungen, die wohl doch schon länger darauf gewartet hatten, dass sie sprudeln und nach außen dringen mochten. Nun hoffe ich, dass es Menschen gibt, die sich dafür interessieren, was dabei herausgekommen ist.

Danksagung

Danke an alle, die an diesem Buch und an seiner Entstehung mitgewirkt haben, bewusst und unbewusst.

Danke vor allem an meinen Mann David Sobotta.

-Susan-

Danke an Peter, Felix und Amaya für ihre motivierende Unterstützung sowie Klaus Horn für sein Korrekturlesen.

-Martina-

Wie alles begann und wie wichtig es war, auf meine Intuition zu hören

Susan

Ich kam von der Arbeit und merkte immer öfter, dass ich tierischen Hunger hatte, irgendwie gefühlt „für zwei" essen könnte. Als dann das zweite Mal meine Periode nicht kam, davor war sie sehr schwach, hatte ich so ein Gefühl – ihr kennt den Spruch „Frauen und ihre Intuition" Also habe ich auf meine Intuition gehört – auf dieses Thema möchte ich später noch etwas näher eingehen – und habe zu meinem Freund gesagt, dass ich einen Test machen möchte, eben diesen einen besagten Test - wenn meine Periode nicht innerhalb dieser Woche noch eintritt. Als ich dann am nächsten Montag in die Arbeit ging, hatte ich mein Vorhaben aber schon wieder vergessen. David erinnerte mich dann im Laufe des Tages daran und ich kaufte nach der Arbeit gleich zwei Tests – auch rein aus dem Gefühl heraus. Am Abend machte ich dann gleich einen Test, auch, wenn ich wusste, dass der Morgenurin für solche Tests wohl zuverlässigere Ergebnisse liefern würde. Aber mal ehrlich – welche Frau möchte nicht sofort wissen, ob es so ist oder nicht. Also hatte ich nach dem ersten Test ein Positiv-Zeichen und dachte mir, „Ok, krass. Ich fühle mich echt gut bei dem Gedanken, schwanger sein zu können. Aber abwarten, mal schauen, was der Test morgen früh ergibt."

David und ich verblieben so, dass wir den Test am nächsten Morgen noch abwarten und dann, sollten wir schwanger sein, gleich zum Arzt gehen, um 100%ige Gewissheit zu haben. Gesagt, getan. Am nächsten Morgen war das Erste was ich in Angriff nahm, dieser Test – der dann auch positiv ausfiel. Aber irgendwie fühlte ich mich weder gut noch schlecht. Also weder hoch erfreut, noch zutiefst betrübt oder ähnliches – irgendwie neutral gleichzeitig aber doch irgendwie gut. David wartete geduldig im Wohnzimmer und ich verbrachte bewusst ein paar Minuten länger im Bad, um die Situation auszukosten, zu schauen, was dieses Ergebnis, dieses eine krasse Ereignis mit mir macht, welche Gefühle hochkommen. Und es kamen freudige, glückliche, YEAH-Gefühle. Einfach nur erfreut und glücklich. Ich ging zu David mit den Worten: „Japp, wir sind schwanger!" und YEAH, wir freuten uns gemeinsam – aber doch noch etwas verhalten „Also, das heißt, ab zum Arzt, oder?" fragt er. „Ja, krass, oder?" sagte ich. Also fuhren wir direkt zum Frauenarzt, um es abklären zu lassen. Dort saßen wir auch wieder hocherfreut, gleichzeitig total gespannt und ich schaute automatisch auf jeden Babybauch jeder Frau, die uns entgegenkam. Oh mein Gott, so werde ich auch mal aussehen. Wir wurden aufgerufen, schilderten unser Anliegen und ich wurde untersucht.

Der Frauenarzt schaute mit seinem tollen Ultraschallgerät in meinen Bauch und teilte mir innerhalb von Sekunden erfreut mit, dass wir in der sechsten Woche schwanger sind, dass ein kleiner Knopf, eine kleine Bohne in meinem Bauch heranwächst. Ich konnte nur grinsen vor lauter Freude.

Trotzdem, dass uns der Frauenarzt unsere Freude ansah, fragte er uns, ob wir uns über diese Nachricht freuen würden. „Ja, natürlich!" sagten wir fast aus einem Mund. Aber auch an dieser Frage erkannte ich, dass ich die richtige Wahl getroffen hatte, diesen Frauenarzt als meinen ärztlichen Begleiter gewählt zu haben, denn er hat Menschenkenntnis und weiß von seinem Fach eine Menge. Wir bekamen dann noch unser erstes Foto von unserem kleinen Würmchen oder eher Böhnchen, dann erklärte er mir viele Dinge, vor allem, dass ich essen und trinken darf (natürlich ohne Alkohol und Rauchen), was ich möchte und wonach mein Körper sich sehnt bzw. wobei es mir gut geht. „Sie dürfen sich die Nägel lackieren, Ihre Haare machen, tanzen, Sex haben, etc. – alles, was ihnen Spaß macht und wobei es Ihnen gut geht. Schauen Sie sich keine Youtube-Videos an, Ihr Körper macht das so, wie es sich gehört und wie es für ihn richtig ist." Und was ich auch noch gut fand, dass er zum Abschied meinte, wir sollen die Nachricht erst dann verbreiten, wenn UNS danach ist und wir uns gut dabei fühlen. Wieder ein Indiz der guten Wahl. An diesem Tag war ich, sobald wir nach Hause kamen, nur noch platt und müde und wollte nur noch schlafen.

Der Körper realisiert das Ereignis und schaltet auf Sparmodus, um sich ganz und gar auf die neue Situation einzulassen und alles zu geben, um das Beste zu kreieren, was er mit dir und deiner Energie kreieren kann. Die ersten drei Monate waren dann von Vorfreude, Übelkeit, und trotzdem nur drei Situationen, in denen ich sprichwörtlich hätte kotzen können, aber nichts aus mir raus kam, weil „nur" die Hormone verrückt gespielt haben, geprägt. Nach der Arbeit kam ich manchmal völlig fertig heim, hatte teilweise überhaupt keinen Appetit und hätte nur schlafen können. Es ging mir in den ersten drei Monaten nicht schlecht, insgesamt ganz gut, ich machte weiterhin Sport und versuchte einfach, mit der neuen Situation klarzukommen. Um mich herum hieß es von mehreren Seiten, dass die ersten drei Monate anstrengend seien, aber dann würde es besser werden, vielleicht würde im letzten Drittel noch einmal eine Phase kommen, wo der Körper verrücktspielt und ich eventuell mit Übelkeit zu kämpfen hätte. Und so kam es auch. Nach drei Monaten hatte ich manchmal das Gefühl, ich hätte „vergessen" schwanger zu sein, weil es mir zwischendrin besser ging, als vor meiner Schwangerschaft – vom Energielevel her und allem Drum und Dran, unserem Businessaufbau und Besuchen von Seminaren, etc. Ich war gefühlt teilweise wirklich auf dem TOP meiner positiven Gefühle, meiner Energie, meines Lichtes, meines Seins. Ich sprühte manchmal richtig wie eine Cola mit Mentos und wusste nicht, wohin mit meiner Energie.

Bis zum letzten Monat, bis zum Geburtstag unserer Kleinen am 30.01.2019, ging ich meinen sportlichen Aktivitäten nach, meditierte, verband mich immer wieder mit dem Lebewesen in mir, stellte mir immer wieder vor, wie die Geburt abläuft und wie wir alle die Zeit mit der Kleinen von Anfang an genießen und uns dieses kleine Wesen so viel reicher macht. Es war reine Vorfreude, die sich auf jeden Fall bezahlt gemacht hat.

Martina

Die Entscheidung schwanger werden zu wollen, ist an sich schon ein entscheidend großer Schritt im Leben! Schwanger zu werden und zu sein, ist sicherlich eine der intimsten und intensivsten Lebensphasen eines Paares. Der Gedanke daran, wie dieses kleine Wesen sich im eigenen Körper entwickelt, und zu welchem Menschen es heranwachsen wird, ist einfach faszinierend. Unvermeidbar kommen dazu aber auch Ängste.... ob sich dieses kleine Etwas, das sich dort eingenistet hat, auch gesund sein wird, ob die Schwangerschaft auch „halten" wird... Ängste, wie die Geburt sein wird, ob man das auch alles schaffen wird... Angst vor Schmerzen... Angst vor dem großen Unbekannten! Denn woher sollte eine Erstgebärende wissen, wie und was in der Schwangerschaft und bei der Geburt „passiert" und auf sie zukommen wird. In den letzten Jahren konnte ich immer wieder feststellen, dass durch Studium und/oder berufliche Kariere, eigentlich selbstbewusste junge Frauen, im Moment der frühen Schwangerschaft sich verunsichern lassen und dann von unnötigen Ängsten aus dem Lot geworfen werden. Die Unsicherheit wird zur Angst geschürt von der Umgebung und von der Vielfalt an Informationsmaterial via soziale Medien und vielen anderen Quellen. Die wohlwollenden und gut gemeinten Kommentare aus dem Familien- und Freundeskreis, sogar auch von Fachleuten aus der Betreuung, reduzieren diese Unsicherheiten allzu selten.

Leider wird allzu oft der Schwangeren selbst bei unkompliziertem Verlauf, unnötigerweise jegliche Kompetenz abgesprochen, mit ihrem Körper im Einklang zu sein und dank eines gesunden Menschenverstandes und ihrem besonderen Bauchgefühl intuitiv zu wissen, was gut oder schlecht für sie ist.

Zweifel & Ängste

Susan

Zweifel und Ängste – wer hat diese nicht? Egal in welcher Situation. Da ich jedoch relativ gelassen an die ganze Sache rangegangen bin, konnte ich Zweifel und Ängste oft schnell wieder beiseiteschieben. Doch wenn sie kamen, waren sie oft auch heftig, denn so eine Schwangerschaft – vor allem die erste – wirft ja bekanntlich viele offene Fragen auf. Um diese offenen Fragen habe ich mir jedoch nie wirklich Gedanken gemacht. Das einzige Buch, was ich gelesen habe, was mit Schwangerschaft und Geburt zu tun hatte, war das Buch „Mami to go" von Silke Plagge. Ansonsten habe ich mich kaum im Internet oder auch überhaupt nicht auf Youtube umgehört, umgeschaut oder mich belesen. Ich habe darauf vertraut, dass alles so kommen wird, wie es soll. Ansonsten habe ich meine Hebamme und viele Muttis um mich herum, die ich um Rat fragen kann. Es gab dann und wann aber doch eins, zwei Situationen , wo mir mein Kopf einen Streich gespielt und mir die Angst eingejagt hatte, dass die Geburt schmerzhaft ist und ich gar nicht weiß, ob ich das alles schaffe und was danach kommt? Läuft dann wirklich auch alles so harmonisch ab, wie mein Freund und ich uns das ausmalen? Immerhin hat mein Freund schon zwei Mädels im Alter von sechs Jahren – zweieiige Zwillinge – ich sage immer – zwei Seelen, die zufällig gemeinsam in einem Bauch aufgewachsen sind und geboren wurden.

Wie werden sie auf die kleine (Stief)Schwester reagieren? Was ist, wenn ich allein zu Hause bin und plötzlich irgendetwas passiert, wie soll ich reagieren? Diese Fragen habe ich aber oft schnell beiseitegeschoben, bzw. mir erst einmal genauer angeschaut, und mir oft selbst versucht, eine positive, hilfreiche Antwort darauf zu geben. Instinktiv wusste ich und habe darauf vertraut, dass alles gut werden wird und ich das Leben mit meinem kleinen Stern so oder so genießen werde und mein Baby mich so viel lehren wird, das werde ich in keinem Buch, keinem Video oder Film erfahren. Doch wie kannst Du mit Zweifeln und Ängsten umgehen? Ich habe mir instinktiv frühzeitig den richtigen und für mich vertrauenswürdigen Frauenarzt gesucht sowie die Hebamme, bei der ich mich persönlich sehr wohl gefühlt habe – und ich hatte Glück, dass ich diese jeweils bei meinem ersten Arztbesuch auch gefunden hatte – beide! Denn wie es der Zufall so wollte, sind mein Frauenarzt und meine Hebamme verheiratet. Jedoch habe ich auch irgendwann verstanden durch meine Coachingarbeit im Bereich Erwachsenenbildung, dass ein Zweifel NUR ein Gedanke ist. Dieser Gedanke kann jedoch leicht und schnell zu einer Überzeugung werden, je öfter dieser Gedanke gedacht wird und aufkommt. Je mehr Raum und Zeit wir ihm geben, zu gedeihen, in unserem Kopf heranzuwachsen, desto größer und stärker wird dieser Gedanke und desto mehr sind wir davon überzeugt, dass dieser Gedanke wahr ist und es nur so sein kann, somit entwickelt sich unsere Überzeugung. Und je mehr wir uns damit beschäftigen, umso mehr

Situationen finden und sehen wir, in denen unsere Überzeugung bestätigt wird. „Focus goes where energy flows". Dein Fokus geht dahin, wohin Du deinen Blick lenkst, wie beim Autofahren. Dein Auto lenkt dahin, bzw. fährt dahin, wohin Du schaust! Genauso ist es mit deinen Gedanken und deiner Überzeugung. Frag dich also selbst so oft wie möglich und egal, in welcher Lebenssituation: WO soll für DICH die Reise hingehen? Wie möchtest Du, dass eine Situation, eine Erfahrung, sich für dich entwickeln soll. Was wünschst Du dir? Und wenn Zweifel oder Gedanken aufkommen, die dir nicht gefallen, die dir eher Energie entziehen, dich nicht lächeln lassen, sondern dir eher Sorgenfalten auf die Stirn zaubern, dann verdränge diese Gedanken nicht, sondern nimm sie an und schau, wie Du diese Gedanken in positive Gedanken umdrehen kannst, was sie dir sagen wollen, wovor sie dich möglicherweise beschützen wollen. Bekämpfe sie aber nicht, indem Du sie einfach wegschiebst oder verdrängst. Jeder „negative" Gedanke und jede Angst zeigt dir, wo Du persönlich wachsen darfst, worauf Du schauen darfst, weil Du es noch nicht oder zu wenig tust. Geh der Angst entgegen und geh mit ihr, damit Du sie dann allein weiter ziehen lassen kannst – wie eine alte Freundin.

Martina

Immer vorausgesetzt, der Schwangerschaftsverlauf ist vonseiten der medizinischen Untersuchungen und Begleitung unkompliziert, sollte dies doch eine wunderbare Zeit zum Genießen sein! Den eigenen Körper in der Schwangerschaft von einer ganz anderen Seite neu kennenzulernen, und festzustellen, zu was man alles fähig ist - oder auch unfähig wird, ist eine wunderbare Erfahrung. Selbstverständlich sollte der Zigaretten und Alkoholkonsum eingestellt werden, da er sich negativ auf die Entwicklung des Kindes auswirken könnte. Eine gesunde Ernährung ist wichtig, mit ausreichendem Trinken, viel Eiweiß und wenig Kohlehydraten. Eine gesunde, vitaminreiche Kost ist definitiv besser, als süße und fette Speisen. Jedoch darf auch hier ab und zu eine Sünde erlaubt sein. Eine Schwangere soll nicht unnötigerweise von allen angenehmen Dingen des Lebens ferngehalten werden und stets kritisch hinterfragen, wenn ihr davon etwas abgeraten wird. Fast alle im Alltag zugelassenen Lebensmittel sind harmlos für die Gesundheit der Schwangeren und ihres Babys! Oft wird aber fälschlicherweise vor diversen gängigen Gewürzen, Kaffee oder handelsüblichen Teesorten gewarnt, die angeblich Wehen verursachen und somit eine verfrühte Geburt hervorrufen würden..... dem ist definitiv nicht so!! Wie einfach wäre es sonst, einer Schwangeren , die sich über dem errechneten Geburtstermin befindet, diese besagten Tees oder Gewürze zu verabreichen und somit die Geburt einzuleiten...das funktioniert definitiv nicht - das wäre zu einfach!!

Zum Beginn der Schwangerschaft ist es ganz normal, dass der Kreislauf etwas labil ist, dass Übelkeit und Müdigkeit einem zu schaffen machen, dass Ziehen in Brust und Unterleib unangenehm sind, und dass der eigene Körper sich irgendwie fremd anfühlt. Lasst es an euch vorüberziehen, aber erlebt es bewusst - so oft passiert es einem nicht! Seid bereit für die hormonell bedingte körperliche, wie seelische Veränderung! Das meiste ist alles nach den ersten Anlaufschwierigkeiten irgendwann vergessen und die Schwangerschaft kann voll ausgelebt und genossen werden. Viele Arten der körperlichen Belastung, wie Sport, Sauna, Sonnenbaden, Sex, sind so lange in Ordnung, bis der eigene Körper negative Signale setzt, oder bis von ärztlicher Seite abgeraten wird. Wenn man in sich hört und tut, was der eigene Bauch vorgibt, dann kann wenig schief gehen... versuchen im Einklang mit dem Körper zu sein, auf ihn zu hören, denn ein gesunder junger Körper ist geschaffen für die Schwangerschaft! Jetzt heißt es, genießen und sich an der Veränderung des Körpers erfreuen. Schwanger zu sein ist sicherlich eines der größten Abenteuer eures Lebens - geht es an!!! Es erstaunt mich immer wieder die alten Geschichten zu hören, („Stimmt es, dass ..?"), die wohl damals schon am Dorfbrunnen von den alten Waschweibern erzählt wurden. Angekommen im modernen Zeitalter der absoluten (?) Aufklärung sollte man meinen, dass wir mit diesen Mythen und Ammenmärchen aufgeräumt hätten! Jedoch gibt es immer noch die gleichen Klatschtanten in unserer Welt, deren Brunnen von damals heute die unzähligen Foren im Internet sind, um die sich alle versammeln und in denen sich jeder ohne jegliche Zensur verewigen kann. Viele verunsicherte und somit empfängliche Schwangere nehmen das gerne als bare Münze. Schlimmer noch, es wird direkt als neueste Erkenntnis der nächstbesten ebenso Schwangeren mitgeteilt, nicht ohne noch ein zusätzliches gruseliges Element hinzuzufügen, um es noch spannender zu gestalten. Wohliges Vertrauen entsteht hierbei leider nicht...

Deine innere Stimme, Herz & Kopf

Susan

Ich weiß, über die Intuition hatten wir schon gesprochen. Jedoch ist es mir persönlich ein großes Anliegen, dir zu zeigen, wie wichtig es ist, auf deine innere Stimme zu hören, egal, in welchem Lebensbereich! Ich habe in meinem Leben oft meine innere Stimme gehört aber nicht erhört, sondern überspielt und oft das gemacht, was andere von mir wollten, um den anderen zu gefallen, warum auch immer. Aber wenn man ein junges Mädchen ist, ist das wohl oft so. Vielleicht kennst Du das auch, frühere Geschichten und Situationen, wo Du eigentlich etwas anderes tun wolltest, aus deinem Herzen heraus, und es dann doch nicht gemacht hast, weil die äußeren Umstände, die Menschen um dich herum dir erzählt haben, dass Du das nicht kannst, dass das nicht geht, dass sie es selbst auch schon versucht haben, sie es aber nicht geschafft haben oder sie haben von anderen gehört, dass die es versucht haben, es aber nicht geschafft haben und allein schon deshalb schaffst DU es doch erst recht nicht. Wie soll das denn gehen? Überleg mal: Wie viele Situationen hattest Du schon in deinem Leben, wo Du nach der Pfeife der anderen getanzt bist?

Wo Du am Ende das gemacht hast, was andere dir geraten haben oder meinten „Also, MEINE Meinung ist...", aber Du konntest dir noch nicht einmal selbst deine eigene Meinung bilden, weil Du gar nicht wusstest, was DU überhaupt wolltest. Ich habe mir natürlich auch oft Ratschläge und Tipps, Meinungen angehört, aber am Ende habe ich auf mein Herz gehört und meinen Bauch. Meinen Verstand nutze ich natürlich auch, er ist ein gutes Werkzeug, um Dinge zu verstehen, Verbindungen herzustellen, Antworten zu finden, aber wie ich mich dann am Ende entscheide, da übernehmen dann oft mein Bauch und mein Herz die Kontrolle. Mit dieser Vorgehensweise bin ich in meinem noch jungen Leben sehr gut vorangekommen. Jedoch habe ich es auch erst in den letzten drei bis vier Jahren verstanden, dass es doch bitte völlig in Ordnung ist, mich selbst dafür einzusetzen, was ICH möchte – EGO! Ja, EGO. Gesunder Egoismus ist so, so wichtig heutzutage. Ansonsten gehst Du vor allem als Frau mit Wünschen, Träumen und eigenen Bedürfnissen oft völlig unter, ja, auch noch im 21. Jahrhundert. Und so bin ich auch an meine Schwangerschaft und meine Vorstellungen vom Familienleben herangegangen. Locker, lässig, mit Herz und Verstand.

Ich habe mir bewusst keine Youtube-Videos über Geburten, etc. angeschaut, weil ich wusste, ich brauche so etwas erstens nicht, zweitens sind die meisten Videos irgendwie abschreckend gestaltet und drittens wollte ich von Anfang an über meine eigene Schwangerschaft, meine Gefühle, meine Erfahrungen berichten und dafür wollte ich meinen Kopf nicht unnötig mit Dingen vollstopfen, die am Ende wahrscheinlich sowieso nicht eintreten. Wenn ich mich darauf einstelle und mir meine Schwangerschaft und Geburt so erträume und gestalte, wie ich es mir wünsche, wird es schon klappen. Und, was soll ich sagen. Am Ende habe ich während meiner Schwangerschaft ein Online-Business gemeinsam mit meinem Freund aufgebaut, wir waren auf verschiedenen Veranstaltungen, wir sind quer durch Deutschland gereist, und haben den Alltag mit den beiden älteren Zwillingen genossen. Klar, natürlich, am Ende wünscht sich glaube ich jede werdende Mama, dass es doch bitte endlich vorbei sein soll, denn die Riesenmelone am Bauch dran wird irgendwann wirklich etwas zur Qual und ist irgendwie im Weg. Ab und an habe ich sogar aus Versehen die Mädels umgeschubst, weil ich nicht mehr richtig einschätzen konnte, wie dick mein Bauch am Ende der Schwangerschaft dann doch wurde. Und dann kam DER Tag.... Und ich verspreche dir, wenn dieser Tag, diese Sekunde kommt, wo Du merkst, Hoppla, eben ist alles anders als die Tage zuvor, ja dann, ist sowieso alles egal. Egal, was dir wer vorher wie gesagt hat. Dein Körper macht einfach, was er machen muss und Du kannst nicht wirklich etwas dagegen tun.

Martina

Es ist tatsächlich so, dass jede Schwangere diese spezielle Zeit in ihrem Leben so integrieren sollte, dass sie zu ihrer Lebenseinstellung und zu ihrem Lifestyle passt. Die eigene Intuition und das Vertrauen in den Körper sind förderlich, um sich mit den veränderten Lebensumständen anzufreunden und sich damit auch wohl zu fühlen. Vielen Schwangeren gelingt es auf diese Weise die Zeit gelassener zu genießen. Andere werden sogar richtig hyperaktiv, fühlen sich fit, unglaublich motiviert und gehen sogar neue Dinge an, die sie vorher nicht für möglich geachtet haben. Gegebenenfalls mit Rückendeckung seitens der medizinischen Betreuung muss die Schwangere nicht unbedingt den willkürlichen Regeln der momentanen gesellschaftlichen Erwartungen entsprechen. Sie muss nicht zwangsläufig das lassen, was „man" von ihr hier und jetzt erwartet. Ich habe Schwangere begleitet, die weiter ihren Leistungssport betrieben haben, andere die ein Geschäft gegründet haben, sowie welche, die ihre Diplomarbeit währenddessen fertiggestellt haben. Manche haben die verrücktesten Reisen in ferne Länder unternommen. Junge Schwangere haben in der Schwangerschaft ihr Abitur erfolgreich abgelegt. - Wie toll und bewundernswert ist das denn? Selbstverständlich gibt es aber auch die Momente, in denen einem am Anfang Übelkeit, Erbrechen, Müdigkeit und Kreislaufprobleme plagen. Später kann es auch zu Sodbrennen, Wassereinlagerung, Ischialgien, Rückenschmerzen und einigen anderen Beschwerden kommen.

Auch die Launen können sehr vielfältig sein und von einer Stunde zur anderen wechseln, sodass der eine oder andere Partner auch schon mal verzweifelt die Hände ringt. Die Schwangerschaft ist ein Eldorado der Gefühle. „Nehmt es an, schaltet den Kopf aus und den Bauch oder das Herz an" Außerdem, ist gegen all diese Zipperlein und Beschwerden jeweils ein Kraut gewachsen. Sei es durch Tipps zur richtigen,- dem Problem entsprechenden,- Ernährung bei Übelkeit, Sodbrennen und Wassereinlagerung, oder durch gezielte Gymnastik und Dehnungsübungen bei Rückenschmerzen. Auch Akupunktur kann in der Schwangerschaft kleine Wunder bewirken. Dies ist eine jahrtausendealte Technik der traditionellen chinesischen Heilkunde und eine in aller Welt geschätzte Heilmethode. So können wir ohne Medikamente und ohne Risiken für Schwangere und Baby zahlreiche Beschwerden beheben, die mit der Schulmedizin nicht oder nur schwer behandelbar sind. Auch seelische Unausgeglichenheiten wie Ängste, Schlafstörungen, Panikattacken können hiermit erfolgreich behandelt werden.

Vorfreude – mehr oder weniger?

Susan

Ich weiß nicht, ob Du schon ein Kind hast oder keines oder dein erstes erwartest. Aber ich kann dir versprechen, dass ich aus eigener Erfahrung weiß, wie wichtig deine Gedanken, die Beschaffenheit deiner Vorfreude auf dein Kind ist. Meiner Meinung nach geht alles, jeder Gedanke, jedes Lachen, jede Träne, die Du weinst, jeden Kummer, den Du spürst, vom allerersten Moment der Schwangerschaft, von der ersten Zellteilung bis zur Geburt und noch darüber hinaus, auf dein Kind über. Dein Kind ist DEIN Fleisch und Blut, im wahrsten Sinne des Wortes, und die Beschaffenheit seiner Zellen, die Energie, die durch die Zellen und somit durch den Körper deines Kindes fließt, kommt von dir. ALLES ist Energie, alles ist Schwingung, alles besteht aus Protonen, Elektronen, wie wir es einmal im Physikunterricht gehört und gelernt haben. Daher wohl auch der Spruch: „Es liegt was in der Luft." Nimm diesen Rat so an, wie Du es für dich richtig hältst. Ich berichte aus meiner eigenen Erfahrung und ich kenne ein paar Beispiele, die meine Vermutung, meine Erfahrung bestätigen.

Je nachdem, wie Du denkst, wie Du dich auf die Schwangerschaft und Geburt einstellst und darauf einlässt, ob Du dich verrückt machen lässt, durch Geschichten anderer um dich herum oder dir sagst: „NEIN, stopp, das ist meine Erfahrung, meine Schwangerschaft und meine Zeit, die ich erleben darf und die ich so gestalten darf, wie ich es für richtig halte und es mir meine innere Stimme rät". Achte auf deine Gedanken und Gefühle. Ärzte sind sich natürlich auch nicht immer einig, aber ich denke, jeder Mensch hat so eine innere Stimme, die ihm sagt, was das Richtige für ihn ist, was der Körper gerade wirklich braucht. Und so habe ich auch mich und meine Schwangerschaft behandelt und gesehen. Nach dem ersten Gespräch bei meinem Frauenarzt war mir wie gesagt schon nach wenigen Minuten klar, dass ich zum Einen die richtige Wahl des Arztes getroffen hatte und zum Anderen mich wirklich nicht verrückt machen lassen muss. Ich bin nicht die erste Frau, die ein Kind gebärt und werde auch nicht die letzte sein. Es gibt so viele Möglichkeiten, sich zu informieren und gut auf eine schöne Schwangerschaft und sanfte Geburt vorzubereiten.

Nun, ich hatte sozusagen das Glück, dass ich bereits seit meiner Jugend viel Sport getrieben hatte und Bewegung im Allgemeinen sehr liebe. Ich liebe Sport, die Natur und Musik. Sie sind sozusagen meine kleinen Mittelchen und Drogen, mit denen ich mich fit, munter und jung halte.

Und als mir mein Doc sozusagen „freie Bahn" gelassen hatte, was Sport, Sex, Bewegung, und vor allem sich frei bewegen während der Schwangerschaft gegeben hatte, war ich Feuer und Flamme und voller Liebe und Dankbarkeit. Mein Herz begann überzusprudeln vor Glücksgefühlen. Nach dem ersten Untersuchungstermin dann zu Hause angekommen war ich gefühlt erschlagen.

Mein Körper reagierte auf die Wahnsinnsneuigkeit mit so krass schwerer Müdigkeit, dass ich erst einmal acht Stunden geschlafen hatte. Ja, auch das gehörte dazu, der Körper spielte von selbst „verrückt", da er sich ja in einem neuen Zustand befindet, und als das alles dann auch im Kopf ankam und realisiert wurde, und der Verstand einsetzte, wurde ich kurzer Hand von meinem eigenen Apparat flach gelegt. Auch die Aussage von meinem Doc bezüglich Mitteilung der Neuigkeit an Freunde, Verwandte, etc. – „Teilen Sie es Ihrer Umwelt mit, wenn Ihnen danach ist." – also auf gut Deutsch, „Scheiß auf die Norm: Ich muss erstmal drei Monate warten, bis es wirklich sicher ist, dass wir schwanger sind und bleiben!"

Es ist mein Körper, es ist mein Bauch, unser Baby, das da in meinem Bauch heranwächst!

Wieso sollte ich mir also vorschreiben lassen, wann ich, mit wem und wo meine Freude und Leid teile? Wir leben im 21. Jahrhundert und die Mauer ist auch seit über 20 Jahren gefallen. Also wurde die Nachricht kurzerhand direkt nach dem ersten Termin beim Doc in die Welt hinausposaunt. Warum auch nicht? Wir haben uns super mega tierisch darüber gefreut. Ja, klar, mein Freund und Lieblingsmensch hat schon Zwillinge und ja, die Situation mit seiner Ex-Freundin ist nicht immer superduper gelaufen und ja, die Oma hat insgesamt noch vier andere Enkel, und ja meine Eltern wohnen 600 km von uns entfernt, und ja, ich wollte eigentlich Kinder adoptieren, weil es doch so viele Kinder schon auf diesem Planeten gibt, und ja, ich wollte erst Kinder haben, wenn ich „sicher" auf beiden Beinen stehe, ... So what? All diese Gedanken wurden von jetzt auf gleich über Bord geworfen und erstmal beiseitegeschoben. Bzw. bin ich heute dank meiner eigenen psychologischen Weiterentwicklung ein Stück besser geworden in Bezug auf Erkennen meiner eigenen Superkräfte. Ich liebe und lebe es und ja, ich will es! Mit diesem Mann, mit den beiden quirligen Zwillingen und unseren verrückten Ideen. Doch ich kenne auch Beispiele, wo sich die werdenden Mütter mehr oder weniger – eher weniger – auf ihren Nachwuchs und die kommende Zeit gefreut hatten. So hatte eine Bekannte das Erlebnis, dass sie von Anfang an wusste, dass sie die Kinder (auch Zwillinge) allein aufziehen würde.

Dieser Gedanke hat sie so fertig gemacht, dass sie ihre Schwangerschaft bewusst oder unbewusst – leugnete und ihr Babybauch selbst im fünften Monat fast noch nicht mal im Ansatz erkennbar war – ohne Kleidung, also praktisch nackt. Als sie sich dann professionelle Hilfe holte und wusste, dass es heutzutage genug Unterstützung und Hilfestellungen gibt für Mütter, ihre Kinder auch allein großzuziehen, und sie wieder ein Licht am Ende des dunklen Tunnels gesehen hatte, fing sie Stück für Stück an, sich doch auf die gemeinsame Zeit mit den heranwachsenden Babys zu freuen und schwups, ihr ganzer Körper reagierte positiv darauf, ihr Bauch wurde deutlich runder, ihre Haare und Brüste voller und ihr ganzes Wesen einfach positiver, glücklicher. Heute ist sie überglücklich, dass sie die Kinder behalten und sich für ein Leben mit ihnen entschieden hat. Auf dieses Thema werden wir noch öfter zurückkommen, denn meines Erachtens bestimmen deine Gedanken dein Gemüt, deine Stimmung, deine Laune und diese überträgt sich auch auf das kleine Ungeborene. Hör auf deine innere Stimme, und schau einfach, wie es DIR dabei geht. Wenn Du nicht weiter weißt, sprich mit deiner Hebamme, mit Freunden, Bekannten, deinem Frauenarzt darüber und ich verspreche dir – Du selbst wirst irgendwann selbst merken, wofür dein Herz schlägt und was DU eigentlich willst. Diesen Rat gebe ich dir sozusagen allgemein fürs Leben – nicht nur auf die Schwangerschaft und Geburt bezogen.

Martina

Am Anfang der Schwangerschaft gibt es die unterschiedlichsten Reaktionen. Da im Zeitalter der vielen Möglichkeiten der Verhütung, die meisten Schwangerschaften bewusst geplant werden, überwiegen meistens positive und glückliche Reaktionen. Solche Frühschwangeren kommen mit überschäumender Freude, strahlend in ihrer Begeisterung in meine Praxis und lassen sich aufklären, auf was sie nun achten sollten und was Frau in der Schwangerschaft darf und was nicht. Selbst wenn diese Frauen einige Zeit später unter diversen kleineren Beschwerden leiden sollten, nehmen sie diese sogar als gutes Zeichen war, und diese Problemchen werden einfach angenommen und akzeptiert als schwangerschaftsbedingtes Zipperlein. Diese Frauen ruhen oft in sich selbst, können gut mit ihrem Körper umgehen und mit ein wenig Aufklärung und Abbau von Ängsten, seitens einer Hebamme oder Frauenarzt/-ärztin, wird diese Zeit in die Schwangerschaft integriert und als gegeben angenommen.

Öfter als erwartet, empfinden andere Frauen jedoch nicht nur Glück und Freude in diesem berühmten Moment der frühen Schwangerschaft, sondern auch Verzweiflung, Furcht und nicht selten auch plötzliche Kompetenzängste, der Schwangerschaft, Mutterschaft und diesem Kind nicht gerecht zu werden, oder auch das beängstigende Gefühl, den eigenen Körper plötzlich mit jemandem teilen zu müssen und nicht mehr nur für sich alleine verantwortlich zu sein. Diese Variante der ambivalenten Gefühle der Frühschwangeren gibt es durchaus auch bei bewusst geplanten Schwangerschaften und sogar bei solchen, die erst nach jahrelangen Fehlversuchen nur mit Hilfe eines Kinderwunschprogrammes erfolgreich zustande kamen. Es ist nicht einfach für diese Frauen, sich im Gespräch zu öffnen, denn über solche Empfindungen zu sprechen, ist ein großes Tabu in unserer Gesellschaft. Schließlich erwartet man, nach so vielen Jahren des Kinderwunsches eine glückliche und frohe Schwangere zu sehen und kein Häufchen Elend, das Probleme damit hat, die Schwangerschaft überhaupt anzunehmen. Auch solche Gefühle und Emotionen sollten in der Schwangerschaft gestattet sein. Es sind hormonelle Umstellungen im Spiel, der Schock des Erfolges und manchmal auch der Bedarf der weiteren Aufarbeitung der jahrelangen Fehlversuche. Diese Ambivalenz lässt sich meistens durch einfühlsame Gespräche ins Positive wenden und die Gefühle gehen in wirkliche Freude über, sodass auch diese Frauen ihre Schwangerschaft annehmen und genießen können.

Ich bin der Meinung, dass sich eine solche zögerliche Akzeptanz nicht auf den Zustand des Babys auswirken wird. Selbst wenn eine Schwangere aus lebensbedingten Gründen oft unglücklich sein sollte, hormonell bedingt deprimiert oder zornig, denke ich, dass sich diese Launen oder Gemütsregungen nicht auf die Gesundheit oder den Charakter des Babys auswirken werden. Erst das, was wir unseren Kindern vorleben- und das schon im Babyalter- kann angenommen und aufgesaugt werden.

Dies ist meine persönliche Überzeugung, aus jahrelanger Erfahrung heraus.

„Es ist so leicht, andere

und so schwierig,

sich selbst zu belehren."

(Oscar Wilde)

Dankbarkeit, Vertrauen und Loslassen

Susan

Ich war zu jeder Zeit und von Anfang an so dankbar für dieses Erlebnis, diese wundervolle Erfahrung. Zwischendrin war es schon etwas schwer, vor allem dann, wenn ich dem Ende der Schwangerschaft immer näher kam, ich meine Schuhe nur noch schwer allein anziehen und binden konnte oder abends fast keine Luft mehr bekam, weil ich das Gefühl hatte, eine riesengroße Wasserbombe am Bauch drangebunden zu haben. Trotzdem war ich jeden einzelnen Tag dankbar für das Erlebnis Schwangerschaft und noch viele andere tolle Dinge in meinem Leben, aber auch für die Dinge, die vielleicht gerade nicht so gut liefen, auch, wenn ich mich hätte darüber ärgern können. Diese Eigenschaft, für alles dankbar zu sein, alles anzunehmen, was ist, habe ich im Laufe meiner Ausbildung zum Coach schnell gelernt, umgesetzt und für mich in den Tag integriert.

Ich schreibe mir täglich mindestens drei Dinge auf, für die ich dankbar bin, und wenn es allein die Tatsache ist, dass ich ein Dach über dem Kopf habe, einen weißen Schmetterling am Tag gesehen habe oder mich eine völlig fremde Person angelächelt hat.

Das ist sehr wertvoll, denn dann schaut man auch irgendwie automatisch wieder auf positive Dinge wie Gesundheit, Essen, das Dach über dem Kopf, dass man atmet, dass man jeden Tag Arbeit hat und Geld verdienen darf, usw. Dinge, die man so im Alltag ganz schnell vergisst. Und es ist sogar möglich, vermeintlich schlechte oder negative Dinge schnell so zu sehen und anzunehmen und für sie dankbar zu sein, auch, wenn es nicht so scheint, dass sie uns gerade in unserer aktuellen Lebenssituation behilflich sein könnten und wir vielleicht am liebsten alles hinschmeißen würden.

Vertrauen und Loslassen sind zwei Dinge, die ich in meinem Leben bisher leider noch nicht so gelebt hatte, wie ich es gerne wollte. Ich musste irgendwie immer die Kontrolle über alles haben, genau wissen, wie etwas funktioniert, ich traf oft große Entscheidungen langsam, bzw. lasse ich mir Zeit, obwohl ich oft schon sehr früh von meinem Herzen gesagt bekomme, was ich zu tun habe bzw. was ich will. Der Kopf, der Verstand funkt dann oft doch noch dazwischen und will mir sagen, was „vernünftig" wäre.

Jedoch habe ich schon viele Ereignisse in meinem Leben gehabt, wo ich vertraut und losgelassen habe und am Ende immer alles gut wurde. Von daher – entschuldige bitte den Ausdruck - verfluche ich manchmal meine Ängste, Blockaden, die mich zurück halten, das zu tun, was ich, was mein Herz für richtig hält.

Nur weiß ich ja heute, dass diese Ängste uns oft beschützen wollen und manche wollen uns bewusst in unserer Komfortzone halten.

Aber ich habe für mich Methoden gefunden, diese Ängste als meine Freunde anzusehen und nicht gegen sie anzukämpfen oder sie einfach beiseite zu schieben, zu verdrängen. In meiner Jugend habe ich auch sehr oft Dinge getan, die andere wollten, dass ich sie tue, nur, um anderen zu gefallen, aus Unwissenheit, fehlendem Selbstvertrauen, fehlendem Selbstbewusstsein.

Ich war mir meinem eigenen Selbst nicht wirklich bewusst, hab immer nur nach dem Wohl der anderen geschaut und wenig nach meinem eigenen. Natürlich bin ich auch oft auf die Nase gefallen, aber ich bin immer wieder aufgestanden, habe entweder mit dem weiter gemacht, was ich hatte oder habe einfach von vorne angefangen. Das war dann alles jedes Mal halb so wild.

Und auch vor und während meiner Schwangerschaft habe ich mir ab und an natürlich die Frage gestellt, was wäre wenn. Was ist, wenn ich plötzlich doch ohne meinen Freund da stehe, was ist, wenn etwas schief läuft, irgendetwas mit mir oder dem Baby nicht stimmt, immerhin war ich bereits 34, gewisser Weise war es möglich, dass ich eine Risikoschwangerschaft durchlebe bzw. bestand eine etwas erhöhte Wahrscheinlichkeit darauf, dass das Baby an einem Gendefekt leiden könnte. Auch hier habe ich bewusst und unbewusst auf meinen Frauenarzt gehört und auf meine innere Stimme. Welche Vorsorgeuntersuchung ist sinnvoll, welche möchte ich nicht über mich und das Kind ergehen lassen? Von der Statistik habe ich mich sowieso noch nie verrückt machen lassen.

Jedoch habe ich offen mit meinem Freund darüber gesprochen, was wäre wenn, sollte bei unserem Baby frühzeitig erkannt werden, dass es voraussichtlich behindert sein könnte, oder Ähnliches. Was tun? Behalten oder nicht? Was ist für uns ethisch vertretbar, was würden wir uns wünschen und was wäre realistisch gesehen wirklich möglich? Auch hier half mir wieder meine Ausbildung im Bereich Erwachsenenbildung: Sei dankbar für das, was Du hast und haben möchtest, was Du dir wünschst. Tu so, als wäre es heute schon Realität. Lass los und vertraue darauf, dass es gut werden wird, dass es so werden wird, wie Du es dir vorstellst.

Geh mit deinem ganzen positiven Gefühl in diese wunderschöne Vorstellung rein, wie dieser kleine Winzling zwischen dir und deinem Partner liegt, ihr euch anlächelt und ihr vor Liebe, Freude und Stolz einfach nur platzen könntet. Und genau das habe ich getan. Ich war tagtäglich für alles dankbar, habe vertraut und losgelassen, auch wenn es oft nicht leicht war. Lass Ängste zu, aber lass sie auch wieder gehen. Schließe mit Altem ab, was dich belastet und dir nicht dient, vor allem nicht während der Schwangerschaft. Und wenn Altes gehen darf, ist Platz für Neues, das kommen darf.

Martina

Dankbarkeit..... Das Leben zu leben, zu lieben, wunderbare Mitmenschen um sich zu haben.

Vertrauen: Zum Leben, in die Liebe, zu seinen Lieblingsmenschen, zum eigenen Ich und seinem Körper.

Loslassen: Von unguten Gedanken, perfektionistischen Mustern, Emotionen die uns belasten, von Menschen die uns nicht gut tun.... Und die Größe zu haben, auch die Menschen „ziehen zu lassen", die uns zwar gut tun, die wir aber loslassen müssen; die einen weil sie sterben, die anderen, weil sie eigenständig werden.

Dankbarkeit ist ein gutes Gefühl! Dankbar, dass es einem selbst oder seinen liebsten Menschen gut geht, geliebt zu werden, und vor allem, dass es jemanden gibt, den man lieben darf! Dazu gehört unweigerlich auch Vertrauen in die Partnerschaft, und zum Leben selbst. Ich denke, wenn die eigene Kindheit von Vertrauen, Liebe, Respekt und Dankbarkeit geprägt war, kann es auch genauso weitergegeben werden. Das stärkste Vertrauen ist das Urvertrauen, was bei Babys zu beobachten ist. Dies zu bestärken ist eine der größten Aufgaben, die wir als Eltern haben. Das größte Glück und die allergrößte Dankbarkeit kann ich immer wieder bei werdenden Eltern erkennen, wenn sie ihr Baby nach einer anstrengenden Geburt im Arm halten um es dann einen langen Weg zu begleiten zu dürfen. Oft sprechen die Menschen von Ängsten, dem allem nicht gewachsen zu sein, oder etwas falsch machen zu können…. aber niemand benötigt einen Ratgeber zur Kindererziehung, wenn die Dankbarkeit für dieses Glück vorhanden ist und das Vertrauen in sich selbst, sein Kind und seine engste Umgebung vorhanden ist. Ganz wichtig ist das Vertrauen in sich selbst!! Jedes Elternpaar kann es schaffen, mit einem Baby umzugehen, es zufrieden zu stellen und glücklich zu machen. So viele Ratschläge von außen auch erteilt werden….der beste Rat den es gibt, ist, mit Vertrauen in sich selbst, einfach dem Herzen oder dem eigenen Bauch zu folgen. Wer sein Kind liebt, wird selten etwas falsch machen im Umgang mit dem Baby. Wir alle können unsere konditionierten Abläufe, die uns irgendwann einmal beigebracht wurden, unterbrechen, wenn wir feststellen, dass sie nicht mehr gut tun…. Mit dem Vertrauen in sich selbst, kann jeder auch alte Gewohnheiten loslassen, die nicht mehr zum Leben passen oder einem einengen.

Es ist nicht ganz einfach mit diesem „Loslassen"…. Es gibt verschiedene Interpretationen, Situationen oder Stationen im Leben, wann und wie dieses „Loslassen" eine Bedeutung bekommt. Oft wird es im Leben einen Moment geben, in dem wir es tun sollten!

Sei es, sich von den Eltern zu lösen, - seine eigene „Blase" zu bilden, oder sich von nicht umsetzbaren Vorsätzen die nur noch Stress erzeugen, zu lösen, oder auch von der allzu perfektionistische Ader, die früher gut funktionierte, aber mit einem Kind eventuell nicht mehr realisierbar ist.

Loslassen beginnt auch, wenn das Baby nicht mehr gestillt wird, das Baby zum Kleinkind wird, und im Kindergarten abgegeben werden muss und es einem das Herz bricht, wenn es zu weinen anfängt, das Kleinkind sich zum Schulkind entwickelt – jedes dieser Ereignisse ist wie ein kleiner Abschied. Doch spätestens wenn die Kinder, in gefühlt viel zu kurzer Zeit, sich plötzlich zu jungen Erwachsenen entwickeln, und sich ein eigenes Leben aufbauen, die Eltern das berühmte „Empty Nest Syndrom" ereilt, kann das – Loslassen - sehr schmerzhaft in der Seele sein.

Dazu ein Satz, der nicht von mir stammt und vielen Lesern sicherlich bekannt vorkommt: „Gib deinem Kind Wurzeln solange es klein ist, und Flügel, wenn es groß ist" Dem kann ich nur mit aller Kraft zustimmen! Denn ohne Wurzeln kann kein Vertrauen aufgebaut werden, keine Dankbarkeit - und das Loslassen würde ein Kampf für alle werden!

Das Loslassen gehört immer mit zum Leben, denn ob es wie oben genannt unsere eigenen fest eingespielten Dogmen sind, oder einen Menschen, den man loslassen muss. ... Nicht einfach - doch ist es ein Zeichen von innerer Größe, über seinen Schatten zu springen und dies bewältigen zu können. Ich kann allen hier an dieser Stelle nur Mut machen, sich von Belastendem zu trennen, den Mut zum Loslassen zu haben, um uneingeschränkt Vertrauen und Dankbarkeit genießen zu können.

Intuition und Leichtigkeit

Susan

Wie im vorherigen Kapitel schon beschrieben, sind wir nicht auf dieser Erde, um immer und ständig perfekt zu sein. Du darfst locker und leicht die Situation angehen. Natürlich möchte ich hier nicht irgendwelche Situationen schön reden oder dir sagen: „Egal, in welcher Situation Du gerade steckst, es wird schon wieder." – Ich weiß, dass es zig tausende Szenarien und Situationen gibt, in denen Frauen schwanger werden und in denen es „gerade nicht wirklich passt". Wir möchten dir jedoch Mut zusprechen, dass, in welcher Situation Du auch bist, alles machbar ist, Du alles schaffen kannst, wenn Du nur willst. Vertraue auf das was kommt und nimm es in Liebe an. „Wo ein Wille, da ein Weg"

Martina

Über Intuition, sowie über die Leichtigkeit, habe ich hier schon erwähnt. Es ist, wie man gut erkennen kann, eines meiner Lieblingsthemen, da ich immer wieder meinen Frauen versichere, mit Bauchgefühl und ohne zu viele schwere, komplizierte Gedankengänge, viel weiter zu kommen. Zumindest, was die Schwangerschaft und die Zeit danach betrifft....Denn dies sind natürliche Vorgänge im Körper! Es ist aber nicht jedem Menschen gegeben, sich fallen zu lassen, loslassen zu können und genug Vertrauen in seinen Körper oder seine eigenen Fähigkeiten zu haben, um mit Leichtigkeit und Intuition sein Leben zu gestalten. Es gibt die absoluten Kopfmenschen, die erst genau überlegen, mit welcher Strategie die nächste Situation gemeistert wird, und es gibt Menschen, die abwarten, welche Situation kommt, um diese dann so anzugehen, wie es sich ergibt, ohne vorher auch nur einen Gedanken daran zu verschwenden.

Noch andere benötigen erst einen gewaltigen Schubs, damit sie in Bewegung kommen, um schließlich mit größter Anstrengung die Situation mehr oder weniger zufriedenstellend zu meistern. Selbstverständlich kann ich einem Pragmatiker nicht erklären, dass er ab jetzt alle Gesetze seines bisherigen Lebens wegwerfen soll, wenn es bisher wunderbar funktioniert hat.

Ebenso ist es schier unmöglich einem reinen Bauchmenschen zu erläutern, dass erst einmal alles gut durchdacht werden soll. Wichtig ist alleine, dass jeder mit sich selbst im Reinen ist und eine innere Zufriedenheit empfindet. Jeder Mensch ist ein Individuum und jeder hat seine Eigenarten. Wie schlimm und vor allem langweilig wäre es, wenn wir alle gleich wären? Erst wenn man selbst erkennt, dass sich ein Unwohlsein breit macht, sei es psychisch oder physisch, sollte etwas unternommen werden. Oft reicht eine gesunde Selbsterkenntnis bzw. Selbstreflexion schon aus, seinem Leben einen anderen Drall zu geben. Manche benötigen vielleicht einen kleinen Kick der nächsten Mitmenschen, wenige sogar professionelle Hilfe im Rahmen einer Lebensberatung. Ob nun bauch- oder kopfgesteuert ... Leben passiert - ob wir kämpfen oder gelassen bleiben.

Selbstliebe

Susan

Wie definiert man die Liebe zu sich selbst und zu seinem Kind?

Wenn Du dich nicht selbst liebst, wie willst Du dann dein Kind lieben?

Was ist die „wahre Liebe" eigentlich?

Wer kann mir Liebe geben, die ich brauche?
NIEMAND, außer dir selbst!

Wie baust Du eine gute und schöne Bindung zu deinem Kind also auf?

Das Thema Selbstliebe ist mir persönlich sehr wichtig. Ich möchte dir vermitteln und verständlich machen, dass niemand sonst dafür verantwortlich ist – im erwachsenen Alter zumindest - dir selbst Liebe zu schenken, als Du selbst.

Oft warten wir auf einen Mann oder eine Frau, in der Hoffnung, dass diese Person unser Herz erwärmt und uns die Liebe schenkt, die wir in jungen Jahren nicht erhalten haben oder uns aktuell selbst nicht geben können, weil wir nicht wissen, wie. Jedoch ist es elementar wichtig, zu verstehen, dass Du der einzige Mensch bist, der sich auf immer und ewig mit Liebe überhäufen kann. Wenn Kinder jedoch in jungen Jahren nicht wirklich Liebe geschenkt bekommen haben, wissen diese später nicht, wie sie mit sich selbst allein klarkommen sollen und suchen sich ständig neue Partner, in der Hoffnung, dass dieser endlich das Loch in der Brust füllt und sie als ihre „bessere Hälfte" vervollständigt. Doch das wird nie geschehen – allein von der chemischen Zusammensetzung unserer Zellen her, ist dies nicht möglich. Nach einer bestimmten Zeit, man spricht oft auch vom „verflixten siebten Jahr", flacht die Liebelei oft ab, da die Hormone sich in unseren Körpern verändern, wir gewöhnen uns aneinander und Gewohnheit kann langweilig und öde werden, wenn sich nicht ab und an etwas verändert, etwas Neues dazu kommt, man immer im gleichen Hamsterrad rennt.

Allzu oft reden wir auch schlecht über uns selbst, so würden wir nicht mal mit einer besten Freundin oder unserem besten Freund reden – sollten wir uns jedoch nicht auch selbst als unseren besten Freund beste Freundin ansehen?

Lange Rede – kurzer Sinn: Lerne, dich selbst zu lieben, denn die beste Beziehung und die „Liebe deines Lebens" findest Du in dir! Und wenn Du das verstanden und umgesetzt hast und lebst, dann kannst Du im Überfluss auch Liebe an andere abgeben und dein Baby fühlt sich von Anfang an wohl, geborgen und mit Liebe überhäuft und lernt so auch für sein späteres Leben, sich selbst zu lieben und zu achten.

Martina

Die Fähigkeit, sich selbst in den Arm zu nehmen, sich so anzunehmen wie man ist ..... das verstehe ich unter Selbstliebe! Selbstliebe ist ein Prozess, der schon in der Kindheit beginnt, der mit durch die Pubertät geschleppt wird (was sich für viele Teenager nicht wirklich einfach gestalten lässt) und sich bis in das erwachsene Alter fortsetzt. Manche Menschen fühlen sich glücklich und zufrieden, mit einem gesunden Selbstbewusstsein, andere wiederum, die vielleicht nicht dem Ideal der gesellschaftlichen Anforderung zu entsprechen meinen, geht es diesbezüglich weniger gut. Nicht gut genug zu sein für das, was angeblich wichtig oder momentan angesagt ist, kann einen unsicheren Menschen sehr beuteln. Wenn wir dies bei unseren Kindern oder jungen Erwachsenen erkennen, dann ist es an uns Eltern, unsere Kinder in den Arm zu nehmen und sie weiter mit viel Liebe und Anerkennung zu überhäufen, um sie zu stärken und zu unterstützen. In der Natur aller Lebewesen ist nichts selbstloser und bedingungsloser, als die selbstverständliche Liebe zwischen Mutter und Kind! Bei uns Menschen kommt in der Regel der Vater mit dazu, und als Eltern bilden wir einen Wall an Liebe und Schutz, womit wir diesem kleinen Erdenbürger ein sicheres und festes Nest ermöglichen. Wenn diese Beständigkeit an Liebe und Verständnis weiterhin gegeben wird und wir diesen jungen Menschen immer so akzeptieren wie er ist, ihm immer wieder das Gefühl vermitteln können, geliebt und geachtet zu werden, egal was auch kommen sollte, bin ich mir ganz sicher, dass aus dem Kind später ein selbstbewusster Erwachsener resultieren wird, der die gleiche Liebe weitergeben kann, die er bisher empfangen durfte. Denn dieser Mensch kann sich selbst lieben, und wird ebenso die Fähigkeit haben, Liebe weiterzugeben.

Vertraue der Natur und deinem Körper

Susan

Meine Liebe, auch, wenn es viele Beispiele da draußen gibt, die dir erzählen wollen, dass Du nach einer Schwangerschaft nie wieder dein altes oder sogar ein ganz neues wunderbares Gewicht erreichen wirst, dann glaube auch diesem Ammenmärchen nicht. Hab keine Angst, dass Du dick bleibst, denn während und auch nach der Schwangerschaft gibt es gute und viele Möglichkeiten, sich fit zu halten – körperlich und mental. Das Beste wäre natürlich, wenn Du dich bereits vor der Schwangerschaft fit und gesund hältst, dich regelmäßig bewegst und ein gesundes Gewicht hast. In meinem Fall war es so, dass ich bereits seit der elften Schulklasse (heute, 2019 bin ich 36 Jahre jung, habe also meine Tochter mit 35 geboren), anfing, Sport zu treiben, regelmäßig joggen zu gehen, ich war mit meiner Mama im Fitnessstudio, ich war schwimmen, hab früh mit Yoga angefangen, ich war gerne Radfahren, all diese Dinge mal im Grenzbereich, also mit Marathonläufen, und mal im total gechillten Bereich – „Ach, heute mach ich mal nix und bin faul." Und was war nach meiner Schwangerschaft? Ich bin neue Klamotten kaufen gegangen – allerdings eine Kleidergröße kleiner als ich vorher hatte. Das hatte mich persönlich schon etwas erschrocken, aber ich fühle mich gesund und fit.

Heute mache ich nicht mehr so viel Sport, allein des Zeitfaktors wegen, aber ich habe auch bemerkt, dass ich gar nicht so viel Sport brauche, um mich ausgeglichen zu fühlen. Früher war ich stundenlang unterwegs – Schönheits- und Schlankheitswahn kann man sagen – doch heute sehe ich eher den Entspannungseffekt, d. h., wie gut kann ich bei einer Sportstunde entspannen, danach ausgeglichener sein, vielleicht bestimmte Gedanken einfach verblassen lassen, die mich etwas runterziehen, etc. Finde für dich einfach deinen Typ. Es gibt natürlich auch Frauen – und auch Männer – die sagen, „Ach Gott, Sport? Was ist das?" Da sage ich dann immer: „Ok, vielleicht nicht für heute, aber was ist für später, wenn Du mal älter bist, so 60, 70, 80 Jahre, wie fit möchtest Du dich dann fühlen?" – Also hier auch den Effekt sehen, dass Sport, Bewegung, gesunde, ausgewogene Ernährung nicht nur für heute wichtig und richtig ist, sondern natürlich auch für später.

Und wie ist das beim Essen? Schau auch hier, wie Du und dein Körper hier ticken. Finde heraus, was für ein Typ Du bist. Isst du bei Stress eher mehr oder weniger. Wie gehst Du allgemein im Alltag mit deiner Ernährung um? Wie hast Du dich auch hier jahrelang vorher ernährt? Rauchst Du, wie viel Alkohol trinkst Du oder hast du getrunken? Ja, das zählt nun mal alles dazu. Alles, was Du deinem Körper zuführst, wandelt er entsprechend um, je nachdem, wie intensiv Du all diese Dinge ausführst, merkt sich dein Körper, wie Du mit ihm umgegangen bist und irgendwann gibt es höchstwahrscheinlich die Quittung dafür. Für die Schwangerschaft gilt meiner Meinung nach auf jeden Fall: Höre auf dein Gefühl, auf deinen Bauch. Wie oft habe ich vor meinem Kühlschrank gestanden, der erste Gedanke: „Hmm, lecker, Käsebrot." – zweiter Gedanke: „Och nö, lieber nicht." – dritter Gedanke: „Hmm, lecker, Wurstbrot." – vierter Gedanke: „Och nö, lieber nicht." Am Ende bin ich dann doch beim Käsebrot gelandet, weil der Körper einfach nach Nahrung geschrien hat.

Du findest für dich sicher über die Zeit heraus, was dir schmeckt, was deinem Körper gut tut, und was dich eher müde oder schlapp macht und nicht wirklich deinem größer werdenden Appetit gerecht wird. Ob Du am Ende „für zwei" isst, entscheidet ebenfalls dein Bauch und Körper. Ich konnte am Ende fast gar nichts mehr essen, weil mein Magen und die anderen Organe, so nach oben verschoben waren, dass es mir sprichwörtlich immer wieder schnell „im Hals stecken geblieben" ist. Und sei auch hier beruhigt: Durch die regelmäßigen Kontrollen beim Frauenarzt wirst Du schon erfahren, ob Du und dein Würmchen gesund und gut zunehmen oder ob es etwas zu viel oder zu wenig ist.

Martina

Unser weiblicher Körper ist etwas ganz Wunderbares. Er macht es möglich, dass ein neuer Mensch heranwachsen kann, gut behütet in der Gebärmutter, stoßsicher schwimmend im Fruchtwasser und gut versorgt durch die Plazenta, den Mutterkuchen. Anfänglich als Embryo bezeichnet, später nach dem dritten Monat als Fetus, entwickelt sich dieses kleine Kerlchen bis zum Ende der Schwangerschaft, zu einem stattlichen drei bis vier kg schweren Baby, um dann in einem gewaltigen körperlichen Aufwand in die Welt hinausgeschickt zu werden. Für all das ist der Körper der Frau gewappnet und funktioniert perfekt in der Versorgung des Kindes. Selbst wenn in den ersten paar Wochen massive Übelkeit, oder Appetitlosigkeit bestehen sollte, wird alles dafür geschaffen sein, dieses kleine Menschlein zu versorgen, mit allem was es nötig hat. Wenn von Seiten des betreuenden Arztes/der betreuenden Ärztin nichts Gegenteiliges festgestellt wird, kann die Schwangerschaft als gesunder Zustand betrachtet und empfunden werden. Auch wenn dies am Anfang nicht ganz einfach ist, da es noch keine sichtbaren Zeichen einer Schwangerschaft gibt. Nur Geduld - schon wenige Wochen später wird sich ein kleines Bäuchlein abzeichnen, und auch die kleinsten Brüste werden voller werden. Das Baby macht sich bei einer Erstgebärenden meistens in der 20. Schwangerschaftswoche mit den ersten spürbaren Bewegungen, die sich wie Schmetterlinge im Bauch anfühlen, bemerkbar.

Es wächst und gedeiht, strampelt und tritt mit seinen kleinen Füßchen von innen gegen den Bauch. Später werden diese Tritte und Bewegungen sehr viel stärker spürbar und auch sichtbar. Besonders wenn das kleine Hinterteil des „Unruhestifters" herausgedrückt wird, kann man die große, runde Beule wunderbar ertasten. Ab der 28. Schwangerschaftswoche nimmt dieses Kerlchen wöchentlich 200 g zu, so dass sich langsam das schwangere Bäuchlein zu einem richtig schönen großen Schwangerschaftsbauch entwickelt. Auch wenn die Hormone, wie schon erwähnt, einmal verrücktspielen, und diverse Zipperlein eintreten können, sollte doch immer die Freude über dieses kleine Wesen und das Glück über diese Schwangerschaft überwiegen. All das ist ein natürlicher Zustand! Vertraut eurem Körper!

Wie? Sport, Sex und andere Annehmlichkeiten während der Schwangerschaft?

Susan

Wie schon in vorherigen Kapiteln ausgeführt, bin ich persönlich Sport- und Bewegungs-Junkie. Aber auch hier gilt natürlich: Wie es beliebt. Wenn Du Sport nicht magst, kein Problem, geh spazieren, fahr trotzdem ab und an mal Fahrrad oder geh schwimmen oder finde eine andere annehmbare Möglichkeit, deinen Körper, deine Muskeln und Zellen in Bewegung zu bringen und fit zu halten. Unsere Körper sind nicht dazu geschaffen, nur herum zu lümmeln. Nicht nur für heute, für die Schwangerschaft und Geburt, sondern natürlich auch fürs hohe Alter. Das, was Du heute deinem Körper Gutes tust, wird sich später auch gut auszahlen. Finde auch hier für dich den angenehmsten Weg, gut zu dir und deinem Körper zu sein, deinem Körper effektive Nahrung und Energie zu geben, damit dieser so lange wie möglich für und mit dir arbeiten und leben kann. Betrachte deinen Körper doch einfach als „den Tempel deiner Seele". Wie würdest Du also deinen eigenen Tempel pflegen?

Alles kann, nichts muss. Mach dich also auch hier nicht verrückt. Dein Körper zeigt dir, was ihm gefällt, was er braucht, was er gerade nicht benötigt oder nicht braucht, um effektive Leistung bringen zu können. Lerne, auf ihn zu hören und auch hier wieder deiner inneren Stimme zu vertrauen. Schlussendlich wirst Du auch hier wieder leicht und intuitiv Entscheidungen treffen können. Genieße es! HAVE FUN!!!

Martina

Immer wieder werde ich am Anfang der Schwangerschaft gefragt, wie die nächsten Monate mit dem bisherigen Sport oder Workoutprogramm zu vereinbaren sind. Bis auf einige Extremsportarten ist prinzipiell alles erlaubt, bei dem sich die Schwangere wohl fühlt. Kurzatmigkeit beim Treppensteigen macht sich schon schnell bemerkbar. Wenn vorher das Rennen in den dritten Stock ein Klacks war, fängt jetzt das große Keuchen schon nach dem ersten Stock an. - Dann eben langsam machen, irgendwann kommt man oben an.

Wenn die Schwangerschaft unkompliziert läuft, spricht nichts gegen Schwimmen, Joggen, Fahrradfahren, Workout im Studio, etc. Beim Sportprogramm mit Gewichten, sollte darauf geachtet werden, dass der Beckenboden immer mit angespannt wird, was ab Mitte, spätestens Ende der Schwangerschaft oft nicht mehr ausreichend möglich ist. Dann eben eine schöpferische Pause einlegen, bis die Beckenbodenmuskulatur nach dem Wochenbett und nach der Rückbildungsgymnastik wieder stark genug dafür ist. Skifahren ist bei normalem Schwangerschaftsverlauf erlaubt. Von Leistungssport (!!) oberhalb von 2500 m ist allerdings abzuraten.

Einige Ammenmärchen über die sportliche Betätigung halten sich sehr hartnäckig, wie z. B., dass die Schwangere keine Dehnungsübungen machen sollte, da sich in diesem Fall die Nabelschnur des Kindes um den Hals wickeln und das arme Wesen erwürgen könnte - dies ist jedoch definitiv nicht der Fall! Diese Geschichte ist damals vor langer, langer Zeit von den Hebammen erfunden worden, um ihre Frauen vor den „bösen" Schwiegermüttern oder Dienstherren zu schützen, die ihnen zu viel Arbeit (Wäsche aufhängen, Fenster putzen usw.) auferlegt hatten. Nichts spricht gegen Sauna, solange der Kreislauf mitspielt, genauso wie gegen längeres - auch warmes und thermales Baden. Also: Dem Wellnessprogramm steht nichts im Wege! Inwieweit Sonnenbaden und Solarium für die Haut gesund sind, sei dahingestellt, aber einer Schwangerschaft kann es nicht schaden. Sex in der Schwangerschaft? Bei normal verlaufender Schwangerschaft ist Sex, inclusive Koitus und Orgasmus mit seinen eventuellen Krämpfen, für die Schwangerschaft völlig ungefährlich. Viel Spaß also!

Viele Hebammen ermuntern ihre Frauen sogar am Ende der Schwangerschaft dazu, weil im Sperma die gleichen Substanzen zu finden sind, wie in dem Gel, das manchmal bei Überschreiten des Geburtstermins als Einleitung vor den Muttermund appliziert wird.

Oh Baby, Oh Baby – Es geht los, die ersten Wehen

Susan

Einer Erstgebärenden Wehen zu beschreiben, ist irgendwie gar nicht so leicht Für mich hat es sich manchmal so angefühlt, als hätte ich einfach nur ein Ziehen im Rücken – vielleicht irgendetwas verrenkt oder eingeklemmt. So waren zumindest meine ersten Wehen, es piekte und zog ab und an mal ein bisschen. Als ich es aber realisierte und dachte „Hoppla, war das so eine Vorwehe?", war es auch schon wieder verschwunden. An dem besagten Tag bzw. in der Nacht und am Vorabend schon, da war es allerdings anders. Ich hatte das Gefühl, ich hätte Unterleibsschmerzen, solche wie sie in der „Erdbeerwoche" auftreten – also, wenn Du deine Tage bekommst oder hast. In der Nacht merkte ich dann insgesamt im Körper so ein komisches aber auch irgendwie wohliges Gefühl. Ich hatte das Gefühl, der Frühling würde ausbrechen. Naja und am Morgen dann nach dem Aufstehen, da ging es dann schon anders her. Ich bin leicht gebückt gegangen und hatte irgendwie das Gefühl, dass ich alle paar Minuten auf Toilette müsse, egal, ob für kleine Königstiger oder anders. Da ich ja aber an dem besagten Tag sowieso einen Termin morgens bei meinem Frauenarzt hatte, hab ich mir keine Gedanken weiter gemacht und bin routinemäßig gemeinsam mit meinem Freund in die Praxis gefahren.

Die Zeit dort im Wartezimmer jedoch kam mir insgesamt wie eine Ewigkeit vor. Heute hab ich das Gefühl, instinktiv wusste ich wohl, dass es an dem Tag passieren würde. Als ich dann das Zimmer des Arztes betrat, sah er schon an meinem Gang und meiner Körperhaltung, dass es wohl (endlich) so weit sei. Ein kurzer Blick, eine kurze Untersuchung des Muttermundes und er war sich sicher: Sachen packen, vielleicht noch einmal ein warmes Bad nehmen, spazieren gehen, eine Kleinigkeit essen und so langsam ab ins Krankenhaus. Wortwörtlich: „Sie bekommen heute ihr Baby."

Diese fachärztliche Sicherheit hat mich so überwältigt, und natürlich auch die Nachricht an sich, dass ich gefühlt nach Hause geschwebt bin. Als wir dann zu Hause ankamen, hab ich mir, wie empfohlen, erst einmal eine Badewanne vollgemacht und die 15 Minuten darin sehr genossen. Doch als ich aus der Wanne dann raus kam, hatte ich nicht so wirklich das Gefühl, dass es besser war. So beschlossen wir, gleich ins Krankenhaus zu fahren. Die Taschen waren schon seit Wochen gepackt.

Im Krankenhaus angekommen, füllten wir dann erst einmal noch alle möglichen Dokumente aus, wurde ich an den berühmten CTG angeschlossen, wo sich dann herausstellte, dass die Wehen noch zu weit auseinander liegen würden, als dass ich unbedingt im Krankenhaus bleiben müsse.

Also sind wir wieder nach Hause gefahren und haben erstmal noch etwas gegessen. Mein Freund schickte sich an, einen Kuchen (den „Herrmann" – der ewig wachsende Kuchen) zu backen. Doch so gegen 15:30 Uhr hielt ich es dann nicht mehr aus, schaute dauernd auf die Uhr und bemerkte, dass die Wehen alle zwei bis drei Minuten kamen. Im unteren Rückenbereich zog sich regelmäßig gefühlt jeder Muskel zusammen und ich hatte das Gefühl, ständig groß zu müssen. Also entschied ich dann etwas lauthals, dass mein Freund und ich mal wieder Richtung Krankenhaus los düsen sollten. Wir brauchten ja zum Glück maximal zehn Minuten bis dorthin. Während der Fahrt schrieb ich meiner Mama, die knapp 600 km von uns entfernt wohnt, noch schnell über Handy, dass es jetzt wohl endlich losgeht.

Im Krankenhaus wieder angekommen, wurde ich dann wieder kurz untersucht und es hieß, Treppen laufen! Also bin ich ca. eine halbe Stunde treppauf und treppab gelaufen, auf dem Krankenhausgang hin und her und habe versucht, immer mit der Wehe zu gehen, zu stehen und mein Becken zu kreisen. Als ich dann nicht mehr konnte, wurde ich sofort ins Wehenzimmer gebracht, wo man wartete, bis sich der Muttermund vollständig geöffnet hatte. Auch hier hatte ich wieder Glück, dass ich eine sehr behutsame und freundliche Hebamme antraf, die ruhig und mit beruhigender Stimme mich über die gesamte Geburt hinweg begleitete. Alle paar Minuten kamen dann also die Wehen – mein Bauch zog sich schmerzhaft zusammen und löste sich wieder – ich versuchte, mich an die Worte meiner Hebamme zu erinnern und an die von Laura Malina Seiler – gehe mit der Wehe.

Kämpfe nicht dagegen an. Es ist die Natur, die alles selbst regelt. Ich atmete, wusste aber nicht wirklich, ob das alles so passte und dachte mir, naja, ich wird schon merken, wenn es nicht passt und die Hebamme hat mich auch wieder ruhig und behutsam angeleitet, einatmen, ausatmen, entspannen.

Doch natürlich hatte auch ich irgendwann den Zeitpunkt erreicht, wo ich das Gefühl hatte, es geht nicht mehr. „Ich kann nicht mehr!" stürzte es irgendwann aus mir heraus. Ständig hörte ich von der Hebamme: „Ich seh das Köpfchen, ich seh das Köpfchen." Doch das war gefühlt dann schon Stunden her, als sie es wieder sagte und ich meinte schmerzverzerrt: „Mama, Hilfe, ich habe keine Kraft mehr! Ich kann nicht mehr!" Und in dem Moment, als die Hebamme mir den Tropf anlegte für ein Schmerzmittel, hatte ich das Gefühl, eine Welle der Kraft ging durch mich hindurch. Es kam eine zweite Hebamme zur Hilfe und sie entschieden, mich auf die Seite zu legen. Jedoch war das keine gute Idee, denn ich atmete nach oben in meinen Kopf und hatte das Gefühl, dieser würde platzen. Also entschieden sie sich für die Hocke. Mein Freund packte mich am rechten Arm und eine der Hebammen am linken, sie zogen mich nach oben und ich sollte in der Hocke noch einmal pressen. Als ich wieder meinte, dies ginge auch nicht, drückte es mich jedoch so arg, dass die 2. Hebamme meinte: „Jetzt nicht mehr pressen. Stopp!" Jedoch zu spät. Ich hatte es nicht mehr unter Kontrolle und es machte „Plopp!" und „Schwapp!". Dass mir nebenbei der Satz: „Ich muss kacken!" entglitt, wird wohl in die Familien-Memoiren eingehen. Ich erschrak, weil dann doch alles auf einmal so schnell ging. Mein Bauch fiel zusammen, ich rief einer Hebamme zu, dass ich leider etwas anderes noch abladen musste, aber das war egal. Sie hat es natürlich mit Fassung genommen. Wenn es drückt, dann drückt es.

Martina

Es kann immer mal wieder in jedem Stadium der Schwangerschaft zu leichten Kontraktionen kommen. Diese sind nicht bedenklich, solange sie den Muttermund nicht öffnen, sondern auf den Wachstumsschub des Kindes und somit auch auf die Dehnung der Gebärmutter zurückzuführen sind. Wenn nun die 36. Schwangerschaftswoche erreicht ist, kommt es zu den sogenannten Senkwehen, die in unregelmäßigen Abständen auftreten. Diese Senkwehen bewirken, dass das Köpfchen des Babys in das Becken eintreten kann, und es sich insgesamt nach unten bewegt. Diese Kontraktionen sind in der Regel wenig schmerzhaft und können auch durch ein warmes Bad oder tiefe Bauchatmung gelindert werden.

Richtige Geburtswehen, werden sich im warmen Wasser unter der Entspannung nicht so einfach verabschieden, im Gegensatz zu den schon genannten Vor- oder Senkwehen, die sich dadurch wieder beruhigen lassen.

Deshalb: Bei der Erkenntnis, dass die Wehen tatsächlich weiterhin regelmäßig auftreten oder sogar intensiver zu spüren sind, erst mal raus aus der Wanne und bei 10 bis 15 minütigen Abständen zwischen den Wehen, ohne Hektik in die Klinik fahren. Dort angekommen und im Kreißsaal der zuständigen Hebamme anvertraut , werden die Herztöne des Kindes durch einen sogenannten Kardiotokographen, kurz CTG genannt (HerzWehenSchreiber) abgebildet, um zu sehen, ob es dem kleinen Wicht auch gut geht. Dies wird etwa eine halbe bis dreiviertel Stunde dauern, damit die Geburtshelfer sehen können, in welchem Abstand die Wehen kommen, und wie es dem Kleinen geht. Die Wehen zeichnen sich im Diagramm ab wie kleine Berge… - nun, über viele Berge muss die Gebärende gehen, um an das gewünschte Ziel zu kommen! Wie lange eine Geburt dauern wird, kann im Voraus niemand sagen. Ich habe schon viele Erstgebärende erlebt, die innerhalb von drei Stunden ihr Baby im Arm hielten, andere benötigten eine längere Zeit. Keine Geburt ist mit einer vorausgegangenen zu vergleichen, immer wird es etwas anders sein. Also Geduld, eine gute Atemtechnik und bei Bedarf auch gerne ein Schmerzmittel, sobald die Wehen als zu schmerzhaft empfunden werden. Nachdem die Herztöne des Babys als kräftig diagnostiziert, die Wehen regelmäßig in kurzen Abständen und somit der Geburtsbeginn bestätigt wurden, wird meistens eine vaginale Untersuchung seitens der Hebamme vorgenommen.

Dabei wird viel erzählt von „Portio", „Muttermund" und sonstigen mysteriösen Dingen die wohl im eigenen Körper ihr Zuhause haben. Portio ist der Teil der Gebärmutter, der immer und auch ohne bestehende Schwangerschaft in die Scheide hineinragt. Wächst nun in der Gebärmutter ein Baby, so wird diese immer größer. Ähnlich wie beim Aufpusten eines Luftballons der Mundansatz immer kürzer wird, so wird ab der 36. Schwangerschaftswoche der Gebärmutterhals - alias Portio - allmählich kürzer, bis er am Ende „verstrichen" ist, d.h. maximal verkürzt. Das winzige „Löchlein" in dem verstrichenen Gebärmutterhals, der Muttermund, öffnet sich während dieser „Eröffnungsphase" bis letztendlich zehn cm weit.

Die meisten „Kreisenden" - so nennt man die Schwangeren, die sich unter der Geburt befinden- haben das Bedürfnis sich zu bewegen, manche möchten lieber in der Badewanne entspannen, oder auch einfach nur ihre Ruhe haben und sich hinlegen. Da es aber förderlicher für den Geburtsverlauf ist, wenn das Becken in Bewegung bleibt, ist z.B. das Treppensteigen geeignet. Da sich das Baby mit dem Köpfchen voraus mit einer Schraubbewegung durch das Becken dreht, kann durch permanentes Beckenschaukeln die Arbeit des Babys unterstützt werden. Wer es beherrschen sollte: Am allerbesten wäre Bauchtanz!

Nun heißt es also marschieren und die nächste Zeit mit den immer intensiver, in kürzeren Abständen auftretenden Wehen und konzentrierten Atemübungen zu verbringen! Zwischendurch gibt es aufmunternde Worte von der Hebamme, liebevolle Streichel- und Massageeinheiten seitens des Partners und wechselnde Stellungen, in denen die Wehen verarbeitet werden. Die Hebamme wird immer mal wieder in Abständen die Herztöne des Kindes überprüfen, sowie nach dem Muttermund tasten, um erkennen zu können, wie weit er sich bisher geöffnet hat und wie das Köpfchen des Babys liegt. Letztendlich wird es soweit sein, dass sich der Muttermund vollständig geöffnet haben wird und die sogenannte „Austreibungsphase" beginnen kann, in der die Gebärende ihr Baby nach draußen schiebt und dazu von der Hebamme zum Pressen angeleitet wird.

Geburtsschmerzen

Susan

Geburtsschmerzen sind für mich heuer Schmerzen, die ich ertragen habe, die ich heute im wahrsten Sinne des Wortes nicht mehr wirklich erinnere, und wo ich weiß, dass die Natur das mit Absicht so gestaltet hat.

Würde eine Mutter ein zweites oder drittes Kind gebären, wenn sie sich haargenau an die Schmerzen erinnert?

Für mich war es jedoch eine weitere schöne Lebenserfahrung. Nicht, dass ich jetzt sagen möchte, dass ich auf Schmerzen stehe oder Schmerzen mag, aber ich habe gelernt, dass es möglich ist, durch Schmerzen weiter zu wachsen – sozusagen die Wachstumsschmerzen zu ertragen, um später bestärkt, weiser und erfahrener hervorzukommen. Wie also auch in anderen Lebenssituationen müssen wir manchmal Schmerzen ertragen, um etwas Neues gestalten zu können, etwas Neues zu erfahren, was am Ende aber doch positiv sich gestaltet und wir bestärkt und gestählt durch den Schmerz hervorkommen.

Nachdem ich die Geburtsschmerzen überstanden hatte – bei der Plazenta musste die Hebamme etwas nachhelfen, da meine Nachwehen etwas schwach waren, das war irgendwie das Unangenehmste an der Erfahrung Geburt für mich – war ich einfach nur mit Glückshormonen durchströmt und realisierte gar nicht wirklich, was vorher geschah, welche Schmerzen ich ertragen habe, weil es so ist, weil die Natur es so vorgibt, aber am Ende alles gut verlaufen war, und ich und meine Tochter wohl auf waren. Natürlich gibt es auch die kleinen Helferlein, wie die PDA, etc., um es der werdenden Mutter zu erleichtern, ihr Kind zu gebären, allerdings ist es meist so, dass wir unser Ziel gerade dann erreichen, wenn die Schmerzen am größten sind und wir lediglich nur noch einmal Gas geben brauchen, um das ersehnte Ziel auch zu erreichen.

Im Sport sagt man oft: „Wenn Du sonst immer bis zehn trainierst, erst die elfte Wiederholung lässt deinen Muskel wachsen." Vertraue darauf, dass dein Körper weiß, was er zu tun hat, vertraue aber auch auf dich und dein Gefühl, wenn Du weißt, wann Du Hilfe benötigst und fordere diese auch ein.

Martina

Wir alle wissen, dass eine Geburt nicht unbedingt ein Spaziergang ist. Der Bauch krampft sich zusammen, vom Rücken strahlt ein Gefühl der Anspannung bis in die Beine aus, das Baby bewegt sich, sein Köpfchen schiebt sich in das Becken, was einen Druck auf die Blase bewirkt. Dennoch kann ich aus meinen Erfahrungen heraus bestätigen, dass es immer wieder Frauen gibt, die lediglich von einem „Ziehen" in Rücken und Unterleib sprechen, das wohl schon seit Stunden zu spüren sei. Natürlich gibt es aber auch die Situation, dass die Wehen von Anfang an als unangenehm und schmerzhaft empfunden werden, sich die Gebärende nicht gut entspannen kann und ängstlich oder verkrampft ist. Nun, sobald Wehen als schmerzhaft empfunden werden, besteht jederzeit die Möglichkeit, diese mit Akupunktur, homöopathischen Mitteln, oder entkrampfenden Schmerzmittel zu erleichtern. Falls erforderlich kann in dieser Phase im Rücken eine Leitungsanästhesie, PDA, gelegt werden und damit der gesamte Bereich des Bauches betäubt werden.

Sobald der Muttermund vollständig eröffnet ist und das Köpfchen des Kindes tief im Becken sitzt, wird sich das erste Mal eine andere Art der Wehe bemerkbar machen.

Wenn bisher die ganze Konzentration auf Entspannung und Atmung ausgelegt war, kommt plötzlich ein ganz neues Gefühl hinzu.

Der plötzliche Drang, das Kind nach unten zu schieben wird als unglaublich stark empfunden, wenn das Köpfchen auf den Enddarm drückt. Dies vermittelt der Gebärenden einen solchen Pressdrang, dass ganz intuitiv jede Frau, auch ohne Vorkenntnisse über die Pressphase, automatisch diesem Gefühl nachgibt und somit das Baby nach unten schiebt. Dann heißt es: Tief einatmen, Kinn auf die Brust und dem starken Bedürfnis nachgeben, nach unten zu pressen! Eine Presswehe wird in der Regel nicht als schmerzhaft empfunden.

Im Gegenteil - mussten die Wehen in der Eröffnungsphase mit der größtmöglichen Konzentration „veratmet" werden, zählt in der Austreibungsphase viel Kraft und Körpergefühl, was sehr oft von den Frauen sogar als angenehm empfunden wird, da sie jetzt endlich alle Energie einsetzen können. Diese Kraft, die am Ende noch möglich ist, hat mich immer wieder beeindruckt.

Egal wie müde oder mutlos manche Frauen sein mögen - sobald der Pressdrang einsetzt, wird uns von der Natur diese Urgewalt geschenkt, noch einmal alle Kräfte zu mobilisieren um diesem kleinen Wesen das Leben zu schenken.

Direkt wenn das Köpfchen des Kindes sichtbar wird, legt die Hebamme ihre Hand darauf ab, um es sachte und vorsichtig, nach draußen zu leiten.

Oft kommt es nach der Geburt des Köpfchens zu einer kurzen Wehenpause, was der Gebärenden die Möglichkeit gibt, ihr Baby das erste Mal zu berühren. Relativ zügig geht es dann aber mit der nächsten Wehe weiter, sodass der Rest des kleinen Körpers herausgleitet, direkt auf dem Bauch der frisch gebackenen Mami abgelegt und mit vorgewärmten Tüchern zugedeckt wird.

Dieser Vorgang ist tatsächlich so schnell, dass viele Entbundene es gar nicht richtig erfassen, dass es Wirklichkeit geworden ist. All das, was vorher als Anstrengung oder Erschöpfung wahrgenommen wurde, ist plötzlich wie weggeblasen und die Freude über dieses kleine Wesen - ihr Baby - unbeschreiblich groß. Es ist geschafft! Nachdem jetzt noch die Plazenta geboren wird, (kaum spürbar) und ein eventueller Dammschnitt noch versorgt wird (keine Angst, der Schnitt wird in der Regel gar nicht bemerkt, und die Naht erfolgt in örtlicher Betäubung) dürfen sich alle Beteiligten entspannen.

Die Geburt ist nicht nur für die Gebärende anstrengend, sondern auch für den Partner. Dieser hat seine Frau nie vorher in einer solchen Ausnahmesituation erlebt.

Die Umgebung, die Aufregung sowie die Angst, der Situation nicht gewachsen zu sein, können nach stundenlangem „Mitleiden", oft mit dem Gefühl der Hilflosigkeit auch beim Partner zu grenzwertiger emotionaler Belastung führen. Dies sollte nicht unterschätzt oder kleingeredet, sondern respektiert werden.

Sobald das Neugeborene lange genug auf dem Bauch der Mutter gelegen hat, wird es unter „Aufsicht" des Papas gemessen, gewogen und es wird die erste Vorsorgeuntersuchung (U1) vorgenommen. Wenn alles zur Zufriedenheit ausgefallen ist, kommt das Baby sofort zurück zu Mami, damit sogleich der Körperkontakt wieder hergestellt wird. Wer stillen mag, kann in diesem Moment den Saugreflex des Kindes ausnutzen, den jedes Neugeborene nach der Geburt hat, und es mit Hilfe der Hebamme das erste Mal an der Brust anlegen. Später werden die Frischentbundene und ihr Baby auf die Wochenbettstation verlegt, wo sich beide von den Anstrengungen der Geburt erholen können.

Yoga, Meditation und andere kleine Helferlein

Susan

Die Schwangerschaft kann wunderschön sein, und sie kann – was ganz natürlich ist – auch richtig anstrengend sein. Der Körper an sich, das Körpergefühl, einfach alles verändert sich. Da ist es kein Wunder, dass Schwangere heute mal himmelhochjauchzend und glücklich durch die Gegend schweben und im nächsten Moment einfach nur mies drauf sind. Diese hormonellen und körperlichen Veränderungen können teilweise richtig an die Nerven gehen. Doch auch hier gibt es natürlich kleine Wundermittel, wie Du deinen Körper so annehmen kannst, wie er ist, wie Du mit den Veränderungen deines Körpers ins Reine kommst und somit die Schwangerschaft – mit all ihren Veränderungen, Gemütsschwankungen, kleinen Wehwehchen und sich entwickelnden Superkräften – „aushalten" kannst.

Mittlerweile ist es ja in aller Munde, dass Meditation und Yoga wunderbare kleine Helferlein sind – nicht nur während der Schwangerschaft – gelassener mit jeder Situation umgehen zu können, Dinge anzunehmen, mit sich selbst besser klarzukommen, sich selbst mehr zu lieben, usw.

Mithilfe von kleinen Sessions, bei denen Du dir als werdende Mama ganz für dich Zeit nehmen kannst oder Du bewusst die Zeit mit deinem Partner oder einer guten Freundin nutzen und genießen kannst, kannst Du innerhalb von Minuten deine Stimmung nach oben bringen, dich mit deinem Baby verbinden und die Vorfreude auf die Geburt und das Leben mit deinem kleinen Wurm verstärken. Mit jeder Geburt eines Babys wird auch eine Mama geboren. Somit darfst Du den Moment Geburt im doppelten Sinne genießen und für dich im Kopf gestalten, wie es wohl sein wird, mit Baby und Du als Mama. Wenn Du zu dem Typ Mensch gehörst, für den Meditation und Yoga eher langweilig ist, kannst Du natürlich auch noch andere kleine Helferlein, wie Musikhören, tanzen oder Akupunktur für dich entdecken, um zu entspannen und dich auf die bevorstehende Geburt einzustimmen.

Martina

Kleine Helferlein, die Entspannung und Beruhigung bringen, sind neben Atemtechnik, Meditation, und Yoga, immer auch Information, und aufklärendes Beantworten der vielen Fragen durch die Hebamme. Dafür bieten sich Geburtsvorbereitungskurse an, denn in diesen Kursen finden informative Gespräche über Geburt, Wochenbett, Stillzeit und Säuglingspflege statt, die ebenso wichtig sind, wie die körperliche Vorbereitung. Gezielte Gymnastik hält die Schwangeren fit und beweglich; außerdem hilft sie bei Rückenschmerzen. Wichtig und hilfreich für die Geburt ist auch das Erlernen der richtigen Atemtechnik, die während der Geburtswehen sehr viel Erleichterung bringt. Weitere Möglichkeiten zur Entspannung oder Hilfe bei innerer Unruhe oder Ängsten bietet die Akupunktur. Die Reizung von Akupunkturpunkten ist eine jahrtausendealte Technik der traditionellen chinesischen Heilkunde und eine in aller Welt geschätzte Heilmethode. Durch Einstiche mit sehr feinen Nadeln an genau festgelegten Punkten der Haut können Störungen im Körperinneren gelindert oder beseitigt werden.

Verbindung zu dir, nach oben und zu deinem Kind

Susan

Wie ist das denn so, wenn ich weiß, dass ich schwanger bin? Verändert sich da nicht nur der Körper, sondern auch irgendwie mein Denken? Natürlich tut es das. Aber ab wann und wie? Das waren so Fragen, die mich ab und an beschäftigt haben, wenn ich überhaupt mal das Thema Schwangerschaft und Kinder in den Raum geworfen bekommen hatte. Ich war ja eher jemand, der spätestens mit 30 Jahren das erste Kind geboren, ein Haus gebaut und geheiratet hat – ja, zumindest in meinem Kopf. Mein Herz hatte mir aber immer irgendwie etwas anderes gesagt, als es dazu kam, „etwas enger" mit dem Partner zu rücken. Irgendwie war da immer so eine innere intuitive Stimme, die mir zuflüsterte – „Es hat noch Zeit. Er ist es nicht." Und auf diese Stimme habe ich bewusst oder unbewusst gehört, sodass es dazu kam, dass ich mein 1. Kind mit 35 Jahren zur Welt gebracht hatte und meinen Traummann auch „erst" mit 33 kennenlernte. Sicherlich werden einige denken: „Ach Gott, ich bin schon … Jahre alt, was weiß das junge Ding schon…!" – Stimmt. Manchmal redet frau sich wirklich selbst klein und schlecht. So würde man vielleicht noch nicht mal mit seiner besten Freundin sprechen.

Dabei könnten wir selbst doch unsere beste Freundin sein. Warum behandeln wir uns dann oft selbst schlechter als unsere besten Freunde?

Da wären wir wieder beim Thema Selbstliebe.

Was gönne ich mir selbst, dass es mir gut geht, was und wie denke ich über mich? Welches Bild baue ich von mir selbst auf?

Erkenne ich mich wieder, liebe ich mich selbst, wenn ich mich im Spiegel sehe?

Mag ich es, wenn Fotos oder Aufnahmen von mir gemacht werden, kann ich da selbstbewusst lächeln und der Welt zeigen, dass ich mit mir selbst glücklich bin?

Naja, die meisten Menschen können das leider nicht selbst von sich behaupten.

Die Gründe liegen hier oft sehr tief, oft in der Vergangenheit, eigenen Kindheit, die Sätze und Worte von den Eltern, Lehrern, vermeintlichen Freunden, die tief in unser Unterbewusstsein gedrungen sind:

„Das kannst Du (noch) nicht!",

„Dafür bist Du noch zu klein!",

„Warte mal, bis Du älter bist.", usw.

Und so formte sich auch das eigene Bild von dir. Manche können ja noch nicht einmal sich selbst bewusst für mehr als zwei Sekunden im Spiegel in die Augen blicken, ertragen ihren eigenen Anblick nicht.

Welche Bindung hast Du also zu dir selbst aufgebaut? Von wem glaubst Du, kann oder sollte diese Bindung aufgebaut, diese Lücke gefüllt werden? Dazu kann ich dir leider nur die bittere Wahrheit sagen: Das kannst DU nur selbst allein!

Niemand und nichts kann dir auf DAUER die Liebe schenken, die DU für dich benötigst, um glücklich und dauerhaft zufrieden zu sein bzw. gut über dich selbst zu sprechen. Und auch bei der Schwangerschaft darfst Du hier genauer in dich hinein fühlen, hinein spüren.

Wer weiß, wann Du diese wundervolle Reise noch einmal antreten darfst. Genieße jeden Moment, den Du einfangen kannst, den Du bewusst (er)leben kannst. Nimm dir bewusst Zeit dafür, zu spüren, wie sich dein Körper verändert, wie sich dein Denken verändert – Du wirst Mama! Du wächst mit deinen Aufgaben und darfst Verantwortung für dich, deine Gesundheit, dein Leben und das Leben eines Neugeborenen übernehmen.

Experimentiere also gerne wieder neu mit dir selbst – wer oder was möchtest Du sein, was willst Du im wahrsten Sinne des Wortes auf dieser Erde verkörpern. Warum bist Du wirklich hier? Was ist DEIN Sinn DEINES Lebens – gib deinem Leben einen Sinn! Die Bindung zu deinem Kind baut sich auch während der Schwangerschaft immer stärker auf, wenn Du dich mit dir selbst, mit deinem Körper immer wieder bewusst verbindest, darauf schaust, was Du gerade brauchst, was dir gut tut oder dich eher gerade belastet und keinen Spaß macht oder dich von dem

Ganzen eher ablenkt. Ich habe meiner Schwangerschaft ein kleines Motto gegeben: „Ich lebe eine bewusste Schwangerschaft und erfahre eine sanfte Geburt."

Ich habe mir vom ersten Tag an vorgestellt, wie ich im Kreißsaal bin, wie die Wehen eingesetzt haben und ich die Natur einfach machen lasse, die Naturkräfte durch mich hindurch wirken und ich so gemeinsam mit Annabelle die Geburt gut meistere.

So habe ich von Anfang an versucht, mich immer wieder mit meinem kleinen Würmchen zu verbinden und bewusst oder in Gedanken mit ihr zu sprechen, habe ihr „Guten Morgen" gesagt oder „Gute Nacht", habe sie bewusst gestreichelt – über die Bauchdecke – oder sie versucht zu beruhigen, wenn sie Schluckauf hatte, oder sie sich mitten in der Nacht gedacht hat, ein Tänzchen im Bauch der Mama aufzuführen oder Purzelbäume zu schlagen.

Manchmal gab es auch Momente, wo ich bewusst gespürt habe, dass es im Bauch gerade total ruhig ist, keine Bewegungen zu spüren sind. Dann habe ich mir vorgestellt, wie sie zusammengekuschelt in meinem Bauch schläft und etwas Schönes träumt.

So habe ich auch oft das Hochgefühl über die Schwangerschaft halten können und habe auch Bedenken von Dritten, was alles während der Schwangerschaft und Geburt auftreten KÖNNTE und worauf ich achten SOLLTE, mir einfach nur angehört, zur Kenntnis genommen und insgeheim gewusst, dass dies nicht eintreten wird, weil ich mit dem kleinen Wurm schon so dicke bin, dass ich weiß, wie sie ungefähr tickt und sie weiß, wie ich ticke. Und so kam dann auch der Zeitpunkt der Geburt mit Vorfreude und Freudentränen, und ja, auch mit dem Schluss-Fluch, wann es denn endlich geschafft sei, usw. Aber als sie dann auf meiner Brust lag und versuchte, an meiner Brust zu saugen, hab ich so tief in mir gespürt, dass wir schon ewig zusammen sind, dass ich vor Stolz und Liebe hätte platzen können. Lange Rede, kurzer Sinn: Wenn Du dich als werdende Mama ganz bewusst für die Schwangerschaft, für das Erleben dieses einmaligen Ereignisses entscheidest, dann wirst Du jede Welle von Übelkeit, Müdigkeit, Rastlosigkeit, himmel-hoch-jauchzend und zutiefst betrübt, annehmen, erleben, hindurch gehen, die Emotion bewusst erleben und bereits wenige Tage nach der Geburt dankbar dafür sein, dass Du es dir selbst gestattet hast, diese Emotionen zuzulassen, daran zu wachsen und dir zu erlauben, dass auch Du als Mama, als Mensch, als Frau, neu geboren werden darfst.

Martina

Hurra....."positiv"!!!! Freude! Begeisterung! Glückseligkeit ! Aufregung!

Alle Gefühle sind überdimensional ...das Candlelight Dinner zu zweit, der positive Schwangerschaftstest lasziv am Glas lehnend positioniert, kann gefeiert werden!

Das werdende Elternpaar feiert, in der Glückseligkeit neun Monate später ihr Baby im Arm halten zu können und fängt an, Pläne zu schmieden....

Der Termin beim Frauenarzt/Frauenärztin wird vereinbart und die ersten Ultraschallbilder archiviert. Vielleicht beginnt nun auch eine leichte Übelkeitswelle oder Kreislaufprobleme treten auf und der Alltag wird durch ständige Müdigkeit etwas eingeschränkt, doch in den nächsten Wochen beginnen sich viele zu fragen: Wo bleibt jetzt eigentlich dieses Hochgefühl der inneren Bindung zu meinem Kind?"

Am Anfang der Schwangerschaft ist es sehr schwierig eine wirkliche innere Verbindung zu dem heranwachsenden Baby aufzubauen! Wie denn auch? - Ja, der Test war positiv - ja, der Frauenarzt/ Frauenärztin hat die Schwangerschaft bestätigt- ja, ich fühle mich schlapp und „weiß" dass ich schwanger bin .... Doch am Anfang gibt es auch Ängste die im Kopf kreisen, ob die Schwangerschaft auch halten wird, ob alles gut verläuft, ob das Baby sich gesund entwickelt usw. Viele Frauen können sich aus diesem Grund in den ersten Wochen noch nicht richtig auf die Schwangerschaft einlassen, aus Angst „enttäuscht" zu werden, den Fetus zu verlieren und blockieren so ihre Gefühle. Andere werdenden Mütter können sich, weil sie absolut keines der typischen Anzeichen einer Schwangerschaft erkennen, ganz einfach nicht vorstellen, dass ein Baby in ihrem Bauch wächst. - wie soll man da eine Beziehung aufbauen? Solche Zweifel an dem Bindungsaufbau zu seinem Kind sind vollkommen normal und in Ordnung. Man braucht deswegen kein schlechtes Gewissen zu haben, geschweige denn, sich von anderen Menschen eines einreden zu lassen.

Es gibt genug Zweit- oder Mehrgebärende, die schlichtweg einfach keine Zeit haben, sich über ihren Bauch und was dort passiert, Gedanken zu machen, ohne dass sie oder dieses Kind später ein Beziehungsproblem haben werden.

Aus meiner Erfahrung kann ich nun alle werdenden Mamis beruhigen, dass nach der magischen 12. Schwangerschaftswoche, wenn die Schwangerschaft sich als „stabil" erwiesen hat und das Bäuchlein zu wachsen beginnt, sich die ersten richtigen Gefühle für dieses Baby entwickeln. Das Staunen und die großen Emotionen erwachen spätestens, wenn im Ultraschall die ersten richtigen Formen eines kleinen Menschen erkannt werden können, oder das Herzchen zu hören ist…. und wie schnell und kräftig es schlägt! Wenn die Hand immer wieder tastet und mit zunehmender Woche zu fühlen ist, wie das Bäuchlein zum Bauch wird.- Wenn in der 20. Schwangerschaftswoche die erste zarten Tritte zu spüren sind,- zarte leichte Wellen, wie Schmetterlinge im Bauch…

Wenn die alle drei bis vier Wochen auftretenden Wachstumsschübe die Mutterbänder in der Leistengegend malträtieren und die Kindsbewegungen zunehmend spürbar sind, so dass sich auch schon mal ein kleiner Po oder ein Fuß abzeichnet…. Wenn der Geburtsvorbereitungskurs beginnt, die Aufklärung über Atemtechnik, die Entspannungsanleitung, wenn immer wieder über die Schwangerschaft gesprochen wird…. Eine Verbindung wird jede werdende Mutter zu ihrem Baby aufbauen. Wie diese aussieht, wird bei jeder Frau anders sein.

Einige werden in einer Auszeit des Tages mit ihrem Kind sprechen, Musik hören, singen, ihr Bäuchlein massieren, oder Entspannungsbäder genießen und sich an den Bewegungen ihres Babys erfreuen.

Anderen wird schlichtweg die Zeit dazu fehlen, da schon ältere Kinder zu versorgen sind, oder da sie jobtechnisch einfach nicht dazu kommen, sich selbst in dieser Art zu verwöhnen. Aber keine Angst - wie schon vorher erwähnt, tut das weder der Schwangerschaft, noch der Beziehung zu diesem Kind einen Abbruch, denn die Babys verschaffen sich immer wieder im Laufe des Tages die ihnen zustehende Aufmerksamkeit mit herzhaften Tritten in die Rippen oder großen Beulen , wenn der Babypopo sich unter dem Rippenbogen hervor schiebt ;-) - Spätestens dann kann sich keine Mami mehr dieser aufmerksamkeitsheischenden Aufforderung entziehen, sondern spricht es an und nimmt Kontakt mit ihrem Kind auf. Wie auch immer, jede Schwangere baut früher oder später ihre ganz persönliche Bindung zum Kind auf, und niemand hat das Recht zu sagen, wie diese zu sein hat. Und dann kommt der Moment, an dem alles auf „Anfang" gestellt wird, denn: Am Anfang steht die Geburt! Das Abenteuer „Kind" kann beginnen! Es ist ein unglaublicher Moment, wenn plötzliche jegliche Anstrengung und Anspannung abfällt, und das Baby tatsächlich wohlbehalten auf dem Bauch liegt....! Eingepackt und zugedeckt mit vorgewärmten Tüchern, ist es nun sicher in den Armen der Mutter, mit Argusaugen bewacht von Papa. - Ein großer Augenblick und unvergesslich!

Dieses kleine Wesen, das sich nun monatelang im Bauch bewegt hat, dem vorgesungen, das durch den Bauch ertastet und gestreichelt wurde, ist nun Wirklichkeit geworden. In den ersten Momenten immer wieder unfassbar und ein Wunder! Diese erste Zeit mit dem Baby ist wunderschön und wird immer sehr genossen. „Bonding" ist das Zauberwort, um die Verbindung zum Kind zu stärken. Ob das der Moment beim Stillen/Füttern des Babys ist, die Schmuseeinheit danach, oder das Tragen in einem Tuch oder einer Bauchtrage, einem unruhigen Kind wird es einfach nur guttun und den Eltern ebenso.

Glücklicherweise ist die Zeit vorbei, als früher Menschen der Meinung waren, dass Kinder „verwöhnt" würden, wenn sie zu lange geknuddelt oder getragen wurden.

Wie soll man ein Kind verwöhnen, wenn es doch in unserer Natur liegt, diese Nähe zu empfinden und auszuleben? Ein Elternpaar, das seelenruhig zusieht bzw. - hört, wenn ihr Baby weint, habe ich bisher (glücklicherweise) noch nicht kennengelernt.... Der natürliche Instinkt zieht uns zum Kind, um es zu trösten, hochzunehmen und zu beruhigen mit unserer Körpernähe und den typischen Geräuschen die wir dabei von uns geben! Warum sollten wir diesen Instinkt unterdrücken? Ein Baby das weint oder unruhig ist, muss nicht zwangsweise Hunger oder Bauchschmerzen haben.

Oft ist es das Bedürfnis nach Körperkontakt und das Baby wird direkt ruhig und zufrieden reagieren, wenn es hochgenommen und mit ihm geschmust wird. Jeder Welpe im Tierreich wird, sobald er fiept, maunzt oder jammert, sofort von der Mutter versorgt und mit Körpernähe verwöhnt. Warum also sollten wir Menschen es anders machen, wenn wir doch feststellen, dass dies die einfachste und wunderbarste Form der Beruhigung darstellt?

Die Bindung zu unserem Baby und später auch zu dem heranwachsenden Kind ist immer mit Körperkontakt ganz leicht herzustellen. Eine Umarmung, ein noch so flüchtiger Kuss oder eine kurze Berührung.... so schaffen wir Vertrauen, Nähe und Geborgenheit. Für den kleinen, neugeborenen Menschen sind die ersten Lebenswochen eine prägende Zeit in seinem Leben. Eine Zeit, in der ein Baby sehr sensibel ist für alle Arten der Sinneswahrnehmung – insbesondere auch für Berührungen. Seit einigen Jahrzehnten wird die Babymassage immer populärer. Ursprünglich stammt sie aus Asien /Afrika und kam durch einen Arzt - Frédérik Leboyer zu uns in den Westen. Er entdeckte, dass indische Mütter ihre Kinder ab dem Tag ihrer Geburt massieren. Dies ist ein Ritual, das von den Babys, sowie von den Eltern sehr genossen wird, förderlich für die Bindung ist und der beiderseitigen Entspannung dient. Nebenbei kann es Verspannungen, Blähungen und somit auch Koliken lindern.

Das gemeinsame Erleben einer Massage stärkt das Körperbewusstsein des Babys und auch die Eltern selbst haben sehr intensiven Kontakt zu ihm, zu einer Zeit, in der dieser kleine Mensch am empfänglichsten dafür ist.

Frédérik Leboyer schreibt in seinem Buch „Sanfte Hände":

„Wir müssen unsere Babys so nähren, dass sie wirklich satt werden; innen wie außen. Die Berührung ist die Wurzel. Und so sollten wir mit ihr auch umgehen" (Leboyer 2013: Sanfte Hände).

Kind oder Karriere und Freiheit

Susan

Ja, das ist ein Thema, wo viele Frauen, glaube ich, sehr mit zu kämpfen haben.

Sobald ein Kind da ist, bist Du von der Außenwelt abgeschnitten, zählt erst einmal nur noch das Kind, dreht sich alles nur noch um das Kind. Die Mütter, Väter, Eltern gehen nicht mehr weg, die Freunde verabschieden sich, da sie ja kinderlos sind und keine Ahnung von so etwas haben oder keine Ahnung haben wollen. Der Job ist auch nicht mehr der gleiche, weil frau ja nur noch Teilzeit arbeitet oder erst einmal gar nicht, die Beziehung zum Partner ist sowieso irgendwie gestört, weil die Zweisamkeit flöten gegangen ist, klar, man ist jetzt zu dritt und Nr. 3 kann man nun mal nicht abstellen, in die Ecke stellen oder „in die Luft hängen". Dieses Thema war bei mir auch sehr oft auf dem Tisch, bereits lange vor meiner Schwangerschaft.

Ich wollte schon immer Kinder haben, wusste allerdings nicht, wann, und irgendwann auch irgendwie nur noch so halb, ob überhaupt.

Als ich dann David im Jahr 2016 mit seinen dreijährigen Zwillingen kennenlernte, kamen bei mir so allmählich die Muttergefühle auf, jedoch wusste ich, dass das, was eine Mutter fühlt, keine „Stiefmutter", wenn sie nicht selbst ein Kind ausgetragen hat, geben und empfinden kann.

Durch die Situation meines Freundes begab ich mich aber in den Genuss, das Leben mit Kindern schon einmal „zu testen" und zu schauen, ob ich dafür überhaupt bereit bin. Ich hatte ja eigentlich jederzeit die Wahl, zu entscheiden, bleibe ich oder gehe ich wieder. Und vor dieser Wahl stand ich nicht nur ein Mal in den wenigen Jahren, die wir heute zusammen sind und mittlerweile auch (bald) verheiratet. Ja, na klar ändert sich dein Leben mit Kind, ja, natürlich ist ein Kopf mehr zu ernähren, zu bespaßen und von klein auf zu erziehen, ihm gewisse Dinge beizubringen und deine Welt zu zeigen.

Sagen wir mal – selbst wenn Du nicht die Wahl hattest, zu entscheiden, ob und wann Du schwanger wirst – sondern, Du bist es, weil es nun einmal so kam, - dann nimm diese Situation an, überlege für dich, was dieser neue Lebensabschnitt für dich bereit hält.

Wie hättest Du es gerne, wie stellst Du dir die Zeit mit deinem Nachwuchs vor?

Versuche, positiv zu denken. Denke immer daran: Du darfst Leben schenken! Du darfst einem neuen Lebewesen Leben schenken, aus deinen Zellen entsteht ein neuer Körper, ebenso mit tausenden von Zellen, einem Herzen, anderen Organen, Nervensystem, Blut, usw. Du erschaffst neues Leben! Und Du darfst auch dir selbst ein neues Leben schenken! Gemeinsam mit deinem kleinen Wurm kannst und darfst Du alles erleben, was dir in den Sinn kommt.

Die Frage ist doch, nicht, ob Du es kannst, sondern erst einmal, ob Du es überhaupt willst. Das Können kommt dann Stück für Stück von selbst, wenn Du dich drauf einlässt.

Entscheide dich und gehe deinen Weg – es gibt kein „richtig" und kein „falsch". Egal, wie Du dich entscheidest, das Universum hat alle Möglichkeiten bereits kalkuliert und wartet nur auf deine Entscheidung. Je nachdem, wie Du dich entscheidest, wird dein Leben weiter gehen.

Die einzige Frage ist nur: Möchtest Du dich auf diese Reise begeben oder nicht?

Wenn ja, dann wünsche ich dir und deinem kleinen Wurm von Herzen alles Gute und dass die Schwangerschaft und die Geburt, diese zehn Monate voller verschiedener Emotionen, Erlebnisse, bestenfalls für dich und dein Würmchen verlaufen. Monate, Sekunden, Emotionen, Tage, die Du sonst nicht erleben würdest, Gefühle, die Du sonst nie fühlen würdest, Veränderungen deines Körpers, deiner Persönlichkeit, diese Urkraft, dieses Urvertrauen, das da automatisch bei der Geburt aufkommt. Lass dich drauf ein – es wird so schnell wahrscheinlich keine Situation, kein Moment, keine Sekunde noch einmal so werden. Solltest Du dich entscheiden, keine Schwangerschaft zu durchlaufen, kein neues Leben aus dir selbst heraus zu erschaffen, und das ist für dich in Ordnung, dann ist das deine Entscheidung und ebenso okay, und niemand kann dir sagen, dass dies falsch sei.

Du hast es in der Hand, dein Leben, deine Entscheidungen, die Wege, die Du gehen möchtest, die Erfahrungen, die Du machen möchtest, zu gehen und zu machen – dafür sind wir doch auch hier auf der Erde, um eigene Erfahrungen machen zu können.

Deine Freiheit kann dir keiner nehmen, außer Du schränkst dich selbst ein bzw. hältst nicht Ausschau nach Lösungsmöglichkeiten. Jeder Mensch, jede Schwangerschaft, jede Geburt ist anders. Tipps und Ratschläge von anderen können hilfreich sein, verwende die, die Du für dich als klug und sinnvoll erachtest, ansonsten überlass der Natur den Rest und genieß es einfach.

Martina

Am Anfang dieses Buches beschrieb ich, dass schwanger zu werden schon ein großes Ereignis im Leben darstellt und schwanger zu sein, ein sehr intensives Erlebnis... Doch das allergrößte Abenteuer des Lebens ist es, Eltern zu sein. Plötzlich verantwortlich zu sein, nicht nur für sich und den Partner, sondern auch für dieses kleine Wesen. Zuerst ein kleiner, pflegebedürftiger, hilfloser Säugling, um den sich alles dreht, und der vieles verändert. Vielleicht wird sogar einiges auf den Kopf gestellt, was das bisherige Leben ausgemacht hat.

Dann, Wochen und Monate später, ein wonniges Baby im Krabbelalter, vor dem nichts mehr sicher ist, was sich in Greifhöhe befindet. Geschweige, wenn die Kleinen laufen lernen!

Schließlich, kaum einigermaßen den Windeln entwachsen, ein Kindergartenkind, Schulkind, letztlich- und man glaubt es kaum wie schnell die Jahre vergehen, ein pubertierender Jugendlicher, der augenrollend alles kommentiert, was wir an wohlmeinenden Ratschlägen zu bieten haben!

Es ist ein wunderbares Abenteuer und so unglaublich spannend, dieses Kind in allen Phasen seines Lebens begleiten zu dürfen. Doch oft werde ich von werdenden Eltern angesprochen, die unsicher in die Zukunft blicken, weil sie von ihrer Umgebung immer wieder die beängstigende Aussage zu hören kriegen, „das schöne Leben" wäre mit einem Baby vorbei…. die Freiheit zu Ende, ab jetzt gäbe es keine Zweisamkeit mehr, keine Reisen, keine Partys usw.!

Eltern zu werden, wird zum Teil als Horrortrip dargestellt, und schon trägt das Kopfkino sein eigenes dazu bei. Gruselige Aussichten und Ansichten, kann ich da nur sagen! Jeder Mensch hat die Möglichkeit, sein Leben so zu gestalten, wie es ihm am besten passt! Natürlich ist das Baby da, aber warum sollte das Treffen mit den Freunden oder die Party deswegen ausfallen? Ein Baby fühlt sich in jeder Tragetasche wohl, egal wo diese stehen wird…. ob das im Restaurant ist, bei den Freunden auf der Couch oder im Nebenzimmer!

Auch wenn es um Reisen geht - ob ein Baby sich nur für einen Einkauf im Autositz befindet, oder stattdessen einige Stunden im Auto verbringt, wird ihm ziemlich egal sein! Auch eine Flugreise ist jederzeit möglich, solange es beim Start und Landemodus etwas zu trinken hat, damit es mit dem Druckausgleich im Ohr klappt.

Außerdem gibt es auch für besondere Momente, in denen es ausschließlich um Zweisamkeit geht, die lieben - immer gerne zum Babysitten bereiten Großeltern, die sich nichts Schöneres vorstellen können, als mit dem Enkelkind Zeit zu verbringen!!! - Dies ist eine tolle Möglichkeit, die ich schamlos ausnutzen würde

Eine Aussage, die ich immer wieder gerne in meinen Kursen oder im Gespräch mit den Eltern betone, lautet: „Ihr könnt nichts falsch machen - nur anders als andere!" (kurz und knapp, aber wahr!) Wenn die Entscheidungen aus dem Bauch kommen, macht man als Eltern rein intuitiv meistens das Richtige. Nicht zu viel nachdenken, nicht zu viel lesen und auf keinen Fall im Internet nach Antworten suchen. Es gibt so viele richtige Antworten, und so viele unterschiedliche Möglichkeiten. Aber die besten Antworten liegen bei euch selbst! Alles was ihr als Eltern als gut und richtig empfindet, ist auch gut und richtig! Da muss keiner kommen, um euch vom Gegenteil zu überzeugen. Denn wenn man als Eltern nicht weiß, was dem Kind gut tut, - woher sollte es dann jemand anderes besser wissen? Je flexibler die Eltern das Leben mit dem Kind gestalten, desto unkomplizierter ist auch das Leben für die ganze kleine Familie. Niemand sollte, oder muss auf seine Freiheit verzichten.

Kind und dann? Karriere beendet?

Susan

Es gibt ja Gott sei Dank viele verschiedene Möglichkeiten, beruflich tätig zu sein. Egal, ob als Mann oder als Frau. Heutzutage gibt es auch viele erfolgreiche junge Frauen, vor allem durch das Online Business, die aufkommende Coachingszenerie, etc. Auf Knopfdruck verkaufen sich heute sekundenschnell tausende von Produkte und Dienstleistungen. Doch natürlich gibt es auch weiterhin die klassischen Berufe wie Bäcker, Friseur, Sekretärin, etc. Und es gibt natürlich auch tausende verschiedene Situationen, in denen eine Frau schwanger wird, mit Partner, ohne Partner, das zweites oder drittes Kind, noch in Elternzeit oder gerade (wieder) frisch im Job gestartet, mit beiden Beinen fest in der Selbständigkeit oder arbeitssuchend.

Wir sind in Deutschland in der glücklichen Lage, dass für jede Situation (anscheinend) die passende Karrieremöglichkeit geschaffen werden kann und sich (eigentlich) jede (werdende) Mutter sicher sein kann, dass es nach der Geburt und Elternzeit sicher im Job weiter gehen kann.

Vielleicht wächst ja aber während der Schwangerschaft und Elternzeit der Wunsch, etwas Neues auch im Beruf anzufangen oder es ist aus bestimmten Gründen gar nicht mehr möglich, an den alten Arbeitsplatz zurückzukehren. Was dann? Ich kenne viele Fälle von alleinerziehenden Müttern, die (lieber) zu Hause sind, anstatt arbeiten zu gehen, weil es am Ende doch nicht mehr Geld auf dem Konto gibt, als wenn sie arbeiten gehen würden. Andererseits kenne ich aber auch Fälle, die sich während ihrer Schwangerschaft und Elternzeit ein eigenes kleines Unternehmen aufgebaut haben, das sie nach der Elternzeit neben ihrem „alten" Hauptberuf führen oder in Vollzeit von zu Hause aus über den PC betreiben. Kurz gesagt: Hier sind der Fantasie keine Grenzen gesetzt. Weitergehen muss es so oder so.

Es ist jedoch ratsam, sich gut bei den zuständigen Stellen und Behörden zu informieren, wie sinnvoll es ist, während der Elternzeit arbeiten zu gehen – „um mal unter Leute zu kommen" – oder ob es nicht doch ratsam ist, die Elternzeit voll und ganz dafür zu genießen, sich der Entwicklung des kleinen neuen Wesens zu widmen und in Ruhe zu schauen, wie es nach ein bis drei Jahren Elternzeit im Beruf weiter geht. Vielleicht öffnen sich ja ungeahnte Türen.

Martina

Hier in Deutschland ist es für alle Schwangeren und Mütter gesetzlich so geregelt, dass sie ab der 36. Schwangerschaftswoche in den sogenannten Mutterschutz kommen, und die Möglichkeit haben, auf Wunsch bis zu drei Jahre im Erziehungsurlaub zu bleiben (letzteres kann inzwischen auch von den Vätern in Anspruch genommen werden). Ein absoluter Luxus, der in den wenigsten Ländern der Welt in dieser Weise angeboten wird. Dies in Anspruch zu nehmen, bietet allen Frauen im Angestelltenverhältnis eine wunderbare Möglichkeit, sich dem Baby, bis hin zum Kindergartenkind, voll und ganz zu widmen. Doch was ist mit den Müttern, die einer Arbeit nachgehen, die es ihnen unmöglich macht, so lange aus dem Beruf weg zu sein, bzw. denjenigen, die einer selbstständigen Tätigkeit nachgehen?

Auch hier gibt es Lösungen, doch dazu gehört zum Teil viel Improvisationstalent, ein verständnisvoller Partner, Großeltern, oder auch eine Tagesmutter. Viele Frauen, die einer selbstständigen Tätigkeit nachgehen, haben sogar die Möglichkeit, das Baby einfach mitzunehmen. Ich denke, jede junge Mutter muss für sich selbst entscheiden, was die beste Lösung sein wird.

Niemand kann für diese Situation die perfekte Antwort bieten. Das muss jede Einzelne selbst für sich herausfinden, doch dafür ist eine ganze lange Schwangerschaft Zeit und die allermeisten haben dann bis zur Geburt einen relativ gut durchdachten Plan. Erfahrungsgemäß klappt es immer irgendwie und mit Hilfe der Familie, bis alles wieder in organisierte Bahnen rückt.

Sei verrückt, aber lass dich nicht verrückt machen

Susan

Wir möchten mit diesem Buch vor allem leicht vermitteln, dass jegliche Informationen – egal, aus welcher Quelle – bezüglich Schwangerschaft, Geburt, Elternzeit, etc. wichtig und nützlich sind, dabei aber bitte nicht in Vergessenheit geraten darf, dass es einzig und allein DEINE Schwangerschaft ist, DEIN Körper ist und DU darüber entscheiden darfst, was für DICH gut und richtig ist. Lass dich also bitte nicht verrückt machen, weil in Buch A steht, dass Du kein rohes Fleisch essen darfst in Buch B steht, dass Du dich möglichst bewegungstechnisch „keinen Gefahren" aussetzen sollst und in Video C auf Youtube gezeigt wird, welche Dinge schief gehen könnten, wenn Du während der Schwangerschaft schwimmen gehst. Vertraue auf dein Gefühl, lerne dich selbst wieder neu kennen, erweitere deine Komfortzone, probiere aus, solange es sich für DICH gut anfühlt und Du spürst, dass auch dein Baby sich dabei wohl fühlt.

Betrachte das Erlebnis Schwangerschaft als eine einzigartige Möglichkeit und Erfahrung, das größte Wunder der Natur erleben zu dürfen – Leben zu erschaffen, mit Hilfe deines Körpers, deiner winzig kleinen Zellen. Rücke aus dem Schatten vergangener Ammenmärchen und nutze deine Intuition. Sie wird dich leiten. Erlebe und genieße, was alles möglich ist, wenn Du daran glaubst.

Martina

Eine Schwangerschaft darf gelebt werden… es ist so ein wunderbarer Moment, wenn der Streifen des Tests sich endlich positiv verfärbt, - feiert es, seid glücklich und lebt diese Schwangerschaft mit allem was dazugehört. Lasst euch nicht unterkriegen von Menschen, die euch bremsen, oder runterziehen, wenn es euch doch gut geht dabei! Seid positiv verrückt und tut alles, wo euer Bauch euch hinzieht! Wie oft im Leben werdet ihr das erleben? Einmal, zweimal, eventuell dreimal… aber bestimmt nicht unbegrenzt oft… also lasst euch auf das Abenteuer und auf diese wunderbare Zeit ein! Freut euch, macht das Beste daraus, genießt es ohne Wenn und Aber und lasst euch von nichts und niemandem verrückt machen, solange es euch gut geht, und ihr ein gutes Gefühl dabei habt. Lasst euch nicht die Freude nehmen an dieser so kurzen Zeit des Besonderen!

„Dein Glaube kann Berge versetzen."

Du willst aber auch noch eigene Kinder, oder?

Susan

Wie ich bereits erwähnt hatte, wusste ich nie wirklich, ob und wann ich Kinder haben möchte – will ich eigene Kinder, will ich welche adoptieren, von einem Partner annehmen? Heute würde ich immer noch Kinder adoptieren, ich habe Zwillinge von meinem Partner angenommen UND ich habe ein eigenes bzw. wir haben ein gemeinsames Kind hervorgebracht. Und ich bin saufroh und mega dankbar, mich auf diese mehreren Abenteuer - „Stiefmama", Schwangerschaft und Geburt - eingelassen zu haben. Ich bin ebenso froh, dass ich mich von Anfang an für eine natürliche Geburt entschieden hatte… diese körperliche Urkraft werde ich so wahrscheinlich nie wieder spüren. Jedes Mal, wenn ich eine Situation vor mir habe, wo ich weiß, dass diese mit Schmerzen verbunden ist – zum Beispiel ein blöder Zahnarzttermin – rufe ich mir in Erinnerung: „Menschenskind, Du hast ein Kind geboren! Jetzt hab dich nicht so!"

Ich appelliere daher hiermit aus vollstem Herzen an alle Mamas, Frauen, aber auch Männer, Väter, die gerade Single sind, und selbst irgendwie in einer Sackgasse stecken, was eine glückliche Familie betrifft: Öffnet eure Herzen und eure Augen! Auch für euch ist das Glück da draußen reserviert, es kommt nur darauf an, ob und wann man bereit für seinen Hauptgewinn ist – aus ganzem Herzen.

Als ich mit David zusammen kam, habe ich damals die Frage: „Du willst aber auch noch eigene Kinder, oder?", irgendwie immer abgewiegelt mit einem „Jaaaa, mal sehen, was kommt, das kommt." So bin ich nun mal. Etwas locker und offen, was solche Entscheidungen betrifft, aber, weil ich weiß und ich auch ab und an mir selbst vertrauen kann, dass ich die Entscheidung irgendwann einmal zu 100% treffen werde, dazu stehe und es einfach mache.

Ich habe mir in Krisenzeiten und in Krisengesprächen mit meinem Partner immer vorgestellt, was wohl wäre, wenn ich jetzt wirklich wieder meine Sachen packe und zur Tür hinausgehe: Ich hätte es mein Leben lang bereut! Denn ich hatte alle 3 – David und die Zwillinge - bereits nach kurzer Zeit so arg in mein Herz geschlossen, dass ich es weder mir, noch den Kids noch David antun wollte und ich wusste, ich würde nach einigen Wochen vielleicht wieder irgendwie alleine klar kommen, aber ich würde mich immer fragen, wie es ihnen wohl geht, was sie machen, wie die Mädels sich weiter entwickeln, und vor allem, welche tollen Erfahrungen, Erlebnisse ich wohl verpasst habe.

Und heute haben wir im wahrsten Sinne des Wortes unserer Beziehung am 30.01.2019 das I-Tüpfelchen, das Sahnehäubchen aufgesetzt – unsere Annabelle Johanna. Auch hier kann ich nur dazu raten: Solche Entscheidungen triffst Du nicht nur rein mit deinem Verstand, dein Herz übernimmt die Hauptrolle, auch, wenn dein Verstand dir heute vielleicht etwas anderes zuflüstert.

Martina

Auch ich wurde in meinen Anfangszeiten als junge Hebamme immer wieder von Patientinnen gefragt, ob ich mir vorstellen könnte, eigene Kinder zu haben. Dies konnte ich definitiv und mit Begeisterung bejahen, denn, dass ich Kinder haben wollte, ob selbst geboren, angenommen oder adoptiert, war mir schon immer klar! Dann kam die Zeit, in der mein Partner und ich gemeinsam und ganz bewusst beschlossen, dass wir nicht mehr verhüten wollten. Obwohl wir uns damals kurz gefragt haben, ob dies wohl der richtige Zeitpunkt sei. Aber: Wann ist je der richtige Moment? Ich denke, auf der Suche nach dem richtigen Zeitpunkt, lassen sich angesichts einer so weitreichenden Entscheidung, sicherlich immer mehr oder weniger relevante Ausreden finden, bis zu diesem Moment, in dem der Wunsch größer wird als die Bedenken. Damit ist die letzte Hürde gefallen, und somit auch die Entscheidung getroffen, die Verhütung auszusetzen.

Erstaunlich ist es dann festzustellen, wie groß die Enttäuschung ist, wenn die nächste Periode sich doch noch einstellt. Noch viel beeindruckender ist jedoch, wie einen tiefste Freude überflutet, wenn der Schwangerschaftstest sich als positiv erweist. Auch wenn sich plötzlich Angst vor der eigenen Courage einstellen sollte ...

Nur Mut, es sind viele Monate Zeit, sich auf den großen Moment vorzubereiten und zu planen... Die „richtige" Zeit für eine Schwangerschaft wird immer dann sein, wenn beide Partner sich ein Kind wünschen! So war es letztlich auch bei uns, und ich kann nur betonen, dass wir gefühlt die glücklichsten Menschen auf Erden waren, als wir feststellten, schwanger zu sein! Zwei Mal war ich schwanger ... Ich liebte diesen Zustand! Ich liebte meinen Bauch und alles und jeden um mich herum! Es kam mir bei beiden Schwangerschaften immer wieder wie ein Wunder vor, wie sich diese kleinen Würmchen von der Größe eines Gummibärchens zu winzig kleinen Menschlein entwickeln, wie die ersten Herztöne zu hören waren, um dann später die immer stärkeren Kindsbewegungen zu empfinden. Immer wieder habe ich in den Anfangszeiten der jeweiligen Schwangerschaften aus Neugierde den Ultraschallkopf auf meinen Bauch gelegt, habe mir meine Zwerge angeschaut und ihnen erzählt, wie sehr ich mich freue und wie überaus neugierig ich auf sie bin. Wir haben zwei wunderbare Kinder, die unser Leben bereichern und ich wollte sie nie missen. Jede Phase ihres Lebens haben wir genossen und nichts haben wir uns entgehen lassen. Als Säuglinge zart und hilfsbedürftig, als Babys knuffig, dann unser Erstgeborener als stolzer großer Bruder! Heute beste Freunde und die Freude unseres Lebens!

Es war das größte und schönste Abenteuer, unseren Kindern zusehen zu dürfen, wie sie sich von kleinen hilfsbedürftigen Babys zu herrlichen Menschen entwickeln und wir empfinden es auch heute noch so, wenn wir uns mit unseren inzwischen erwachsenen Kindern treffen oder im Austausch miteinander sind.

Habt keine Angst vor der Entscheidung zur Schwangerschaft! - es ist NIE der falsche Zeitpunkt schwanger zu werden, man könnte ihn höchstens verpassen - und das wäre sehr schade!

„Höre auf dein Herz,

lass dich von ihm leiten,

heute, später und für alle Zeiten."

Schlusswort: Wir kommen nackt und gehen nackt

Susan

Wozu, glaubst Du, sind wir auf der Erde? Was glaubst Du, ist der Sinn des Lebens, der Sinn deines Lebens? Diese Fragen kannst nur Du dir selbst beantworten. Andere können dir Tipps, Hinweise, Ratschläge, den Schubs in die richtige Richtung geben, dir den Weg zeigen, aber die „richtige" Antwort für DICH findest nur Du allein. Und bedenke: Wie kommen wir auf diese Welt und wie gehen wir von dieser Welt? Körperlich gesehen - NACKT! Nutze also jeden Tag so, als wäre es dein letzter. Klingt banal und abgedroschen? So einfach ist es aber. Nur spielt uns unser Alltag, unser Verstand, unsere Vernunft, unser Kopf gerne Streiche und wir „vergessen", wer wir eigentlich sein wollen in diesem Leben. Wir haben im Durchschnitt knapp 80 Jahre Zeit, um unser Leben sinnvoll zu gestalten. Für DICH sinnvoll, nicht für deine Mutter, deinen Vater, oder sonst wem, der dir erzählt, was Du alles nicht kannst, nicht wert bist oder nicht gut genug. Was glaubst Du über dich selbst? Das allein zählt. „Was andere über dich denken, hat dich nicht zu interessieren." Du kommst mit nichts, außer deinem Körper und deiner Seele, auf diese Welt, und Du gehst mit Nichts, dein Körper bleibt hier, all deine Reichtümer, Besitztümer, Kinder, etc.

Das einzige (aber auch wichtigste) was Du mitnimmst, sind Erinnerungen, Erfahrungen. Begib dich also so oft und so viel Du willst und kannst, in Situationen, wo Du persönlich wachsen kannst. Probiere immer wieder neue Dinge aus, brich aus deiner Routine aus, fahr mal einen anderen Weg zur Arbeit, geh mal morgens joggen, statt abends, lauf mal zehn Minuten länger um den Block, lies mal ein Buch, was dich eigentlich nicht zu interessieren scheint, sprich auf der Straße einfach mal eine Person an, die dir gefällt, mach ihr im Vorbeigehen ein Kompliment, lächele sie an, und dann geh einfach weiter. Fordere dich selbst immer wieder neu heraus, neue Dinge zu tun, zu erfahren, deine eigenen Grenzen zu sprengen, neue Gefühle zu fühlen, deinen Körper, dich selbst neu zu spüren. Nutze vor allem dann die Chancen des Lebens, wenn dir dein Verstand dazwischen funkt und meint: „Ach nee, lass mal. Es ist doch gut so, wie es ist." Schreibe deine eigenen Kapitel, jeden Tag ein neues, in deiner Fibel und hinterlasse diese an deine Kids, an deine Nachkommen, für die Nachwelt. Du weißt ja heute nicht, ob deine Erfahrungen, deine von dir erschaffenen Dinge irgendwann doch mal – auch nach deinem Ableben – irgendwem weiter helfen. Hinterlasse einen bleibenden Fußabdruck, damit sich die Menschen an dich erinnern können.

Martina

Sicher gibt es sehr viele Interpretationen zu diesem Thema - von Menschen, die sich schon mehr und länger Gedanken über diesen Satz gemacht haben als ich.

Doch ich denke, es bleibt jedem Menschen selbst überlassen, ob er nackt gehen wird oder nicht. Dass wir nackt geboren werden, wissen wir - doch wer sagt, dass wir nackt gehen?

Stellen wir uns vor, der Tag der Geburt wäre eine leere Leinwand, oder ein Buch mit leeren Seiten, die oder das es zu füllen gilt. Was auf diese Leinwand an Farben und Motiven gemalt wird, oder in dieses Buch geschrieben wird, wie dick dieses Buch werden wird, wie viel Freude oder Trauer darin verzeichnet sein wird, ob es Leidenschaft oder Kälte, Abenteuer oder Langeweile enthalten wird…. das bleibt uns allen selbst überlassen.

Wenn wir die Fähigkeit haben, ein erfülltes Leben zu genießen und uns über jeden glücklichen Moment freuen zu können, jeden Tag dankbar zu sein, an dem es uns und unseren Lieben gut geht, dann werden wir diese Seiten sicher mit viel Wärme und Glück füllen können und auf ein glücklich gelebtes Leben zurückblicken können. Am Ende wird es sich herausstellen, ob wir tatsächlich nackt gehen, oder doch etwas von uns hinterlassen werden, an das sich unsere Verbliebenen mit Liebe und Wärme erinnern und wovon sie vielleicht auch etwas übernehmen werden - somit die Fähigkeit hatten, im Leben unserer Kinder, Freunde und Nächsten eine so bedeutende Rolle gespielt zu haben, um in Gedanken weiterhin präsent zu bleiben. Wenn wir dies schaffen, werden wir sicher nicht nackt gehen sondern mit gefüllten Seiten eines dicken Buches oder einer bunt bemalten Leinwand abtreten.

Die Autorinnen

Susan Wandelt

Susan hat mit 35 Jahren ihr erstes Kind zur Welt gebracht. Sie hat es sich zur Aufgabe gemacht, Mütter, werdende Mütter und Kinder dabei zu unterstützen, ein gesundes Mindset zu leben, ihre Träume, Wünsche und Ziele zu leben sowie wieder mehr in Gelassenheit, Freude, Albernheit und Spaß zu leben. Susan hat ihre Schwangerschaft vom ersten Tag an, dass sie wusste, dass sie schwanger ist, genossen und sich auf das Abenteuer und das neue Erlebnis Schwangerschaft & Geburt freudig eingelassen. Mit diesem Buch möchte sie anderen Frauen, werdenden Müttern und Müttern Mut machen, sich ebenso freudig und mit jeder Zelle ihres Körpers auf die Schwangerschaft motiviert und positiv einzustellen und zu wissen, dass die Schwangerschaft und Geburt eine gute Erfahrung ist, die Natur einfach machen zu lassen, sich drauf einzulassen, aber auch zu verstehen, was es heißt, mit positiven oder negativen Gedanken diese Erfahrung Schwangerschaft und Geburt selbst zu gestalten, zu genießen und auf ewig in freudiger Erinnerung zu behalten.

Martina de Vleeschauwer

Dreißig Jahre bin ich als Hebamme tätig. Die ersten zehn davon arbeitete ich fast ausschließlich im Kreißsaal, gewissermaßen direkt an der Front, um Geburten zu leiten und Frauen dabei zu begleiten. Meine Vorstellung war es, den Gebärenden beizustehen und sie so zu unterstützen, dass sie mit sich, ihrem Körper und ihrem kommenden Baby eine Einheit finden. Als mir auffiel, wie viel Unsicherheit und Ängste dem entgegenstanden, fand ich es zunehmend wichtig, diese so gut als möglich abzubauen. Es war nötig, die Patientinnen von den Schrecken und Vorurteilen zu befreien, die sie im Laufe ihrer Schwangerschaft von sich und ihrer nächsten Umgebung mitgebracht hatten. Nur wenn sie diese loslassen konnten, war es möglich, sich so auf das Abenteuer „Geburt" einzulassen, wie ich es mir vorstellte und für sie wünschte. Inzwischen arbeite ich - einige Jahre und zwei eigene Kinder später - nicht mehr im Kreißsaal, sondern habe meine eigene Praxis in Kooperation mit meinem Mann, der Frauenarzt ist, aufgebaut. Zusätzlich drückte ich, sehr zur Begeisterung meiner sich inzwischen im Teenageralter befindlichen Kinder, noch einmal die Schulbank, um eine Ausbildung zur TCM Therapeutin (Traditionelle Chinesische Medizin) zu absolvieren, die ich 2009 mit dem Abschluss „Master of Acupuncture" beendet habe. Dies erwies sich als sehr horizonterweiternd. Mein Mann und ich haben es uns gemeinsam zur Aufgabe gemacht, neben der modernsten medizinischen Überwachung der Schwangerschaft, unsere Patientinnen so gut als möglich von ihren unnötigen Ängsten zu befreien und ihnen somit den festen Boden zu geben, worauf sie sich selbst und diese besondere Zeit, mit Vertrauen und Selbstbewusstsein aufbauen können. Nur dann gelingt es den Frauen ihre Schwangerschaft, trotz eventuell auftretender Unannehmlichkeiten, bewusst von der Einmaligkeit, positiv zu erleben und zu genießen. Mein Beitrag zu diesem Buch, war sicherlich nicht der Versuch wissenschaftlich zu argumentieren, sondern lediglich meine persönliche Sicht der Dinge mitzuteilen. Sie ist gewachsen auf nunmehr 30 Jahren täglicher Erfahrung in der beruflichen Begleitung von Schwangeren und Müttern.

Wie in diesem Beitrag schon erwähnt: Mit gesundem Menschenverstand und viel Bauchgefühl wird man selten etwas falsch machen - Nur vielleicht hin und wieder etwas anders als andere. In diesem Sinne verabschiede ich mich; bleibt unkompliziert und genießt das Leben, auch oder besonders in einer Schwangerschaft.

Macht das Beste damit!